日本料理文化史

懐石を中心に

熊倉功夫

講談社学術文庫

唐菓子と柏餅――序にかえて

唐菓子

春日大社の朝はこうごうしい。

玉砂利を踏む音、木洩れ日、朱の回廊の一つ一つが、見事な調和をうみだしている。三月十三日の春日祭にむけて、神饌の用意がはじまるのは十日の朝から、と今はなき和田義昭先生から教えていただいた。和田先生に引率されて若宮へ参拝してから、神饌を調える造酒所へ向った。三十年ちかく前のことである。

造酒所……現代では国による許可なしには酒造はできない。しかし〝お神酒《みき》〟は別である。神と神酒は切りはなせないから、特定の神社では〝お神酒〟用の酒だけをつくる許可が与えられているのだ。春日社でも、伝統的様式を守るこの簡素で力強い建物のなかでお神酒がつくられていた。ちなみにこの建物は古い文化財であるが、神酒を醸《かも》しているのは鉄製のタンクであるところが面白い。

この神酒をつくる建物が、神饌を調える場となる。奉書紙でつくられたマスクをつけ、身をきよめた神職の方々が座につくと、まず最初は〝ぶと〟づくりである。〝ぶと〟は餢飳、あるいは伏兎などという文字を書くが、いわば最も古い菓子の一種である。一斗二升の米の粉を練り、蒸し、蒸しあがったものが運びこまれるとすぐに臼《うす》でつかれ、適当な大きさにちぎられて台に置かれる。実際に見学してみて、そのつくりかたが、餅《もち》の温さ、柔らかさなどと微妙に関連して、なかなかむずかしいことがわかる。冷めてしまうと重ねたときの接着が悪いし、自由に型をとることができぬ。かといって、熱すぎたのでは手のひらがやけて仕事にならない、というわけだ。

台のうえと手には材料がつかないように油が使われる。四柱の祭神と予備の一組（儲《もう》けの神饌）、あわせて五組の神饌を調えるのだが、一組につき五個ずつ、といったように〝ぶと〟一つとっても数がずいぶん多い。

〝ぶと〟のなかに、さらに何種類かあるわけで、春日社では五種以上つくるようだ。まず梅《ばい》枝《し》といわれるものがある。丸餅三つを重ねて三方にひねれば、三つ重なったまま三本足の、ヒトデ型になる。これが三つ梅枝だ。三つ梅枝にたいしては二つ梅枝があり、他に高䊀《たかまがり》、菊ぶと、壇《だん》具《く》餅《もち》、などがある。これらは材料の蒸した米の粉が温いうちに、巧みにそれぞれの型にまとめられ、最後に油で揚げられて完成する。

ここでは〝ぶと〟は油で揚げた唐菓子《からくだもの》の総称のように使われているが、『厨事類記《ちゅうじるいき》』によれば唐菓子とは、

梅子《バイシ》（枝）、桃子《トウシ》（枝）、餲餬《カッコ》、桂心《ケイシン》、黏臍《テンセイ》、饆饠《ヒラ》、䭔子《ツイシ》、団喜《ダンキ》、是謂八種《やくさ》唐菓子

とある。また次の九種もあげている。

糫餅《マガリモチ》、伏兎《ブト》、魚形《ギョギョウ》、結果《カクナハ》、餛飩《コントン》、粉熟《フズク》、索餅《サクヘイ》、餺飩《ホウトウ》、署預粥《イモガユ》

なぜ芋粥まで唐菓子かわからないが、ここにあらわれる梅子、糫餅、伏兎などが、神饌に登場してくることになる。

梅枝（子）は本来、木の実の梅からきているのだろうが、枝についた実を抽象化したものが今日の梅枝。団喜というのは『倭名類聚抄』に歓喜団とあり、どうやら歓喜天（聖天）にささげられるものらしい。江戸時代のことだが近衛家熙《いえひろ》（予楽院）の『槐記《かいき》』に、聖天様のお祭りに油で揚げた餅に何やら包んで供える物が歓喜団である、という話が見えるが、これは多分京都でつくられた聖天の歓喜団ではなかったか。今でも京都の菓子屋亀屋清永では餡《あん》を包んで油で揚げた菓子を清浄歓喜団といって聖天様へのお供えに売る。唐菓子が比較的古いかたちで現代に残る貴重な例であろう。

和菓子の源流の一つが古代の唐菓子にあることは間違いないが、今日の神饌にみえる唐菓子は、およそ和菓子のイメージからは遠い。その理由の一つは、油で揚げるという調理法に対する異和感にある。唐菓子という言葉がはっきり示しているように、唐すなわち中国の菓子なのである。油で揚げるという方法だけではない。今は米の粉を材料としているが、本来は小麦粉であったはずである。今でも、神饌の索餅とそっくりな小麦粉の油菓子を中国でみ

ることがある。つまり唐菓子は手法において中国の文化を日本にもたらしたが、日本では手に入れにくい材料をとりかえることで日本に定着した、といえる。

実は、日本の料理文化を考えるときに、いつも考えておかねばならぬのが、この外来文化の要素である。最も「日本的」であるはずの神社の神饌のなかに、古代の中国文化がはっきりと残されていることからも明らかなように、日本の料理文化は、外来的要素と自生的な要素が今となっては腑分けしがたいように混然一体と、まじりあってできあがっているのである。いいかえれば、日本料理というときの「日本」とは何か、あまり厳密には線引きできない、ということになろう。アイヌの食文化や琉球の食文化を除外するのが狭い意味での伝統的な日本料理の概念であろうが、そうした概念をたてることはあまり意味がない。かえって、中国（大陸）と日本との間に無数の中間項があるわけで、そのどこに線を引くことも不可能であることを、それは示しているのである。

柏餅

日本の食文化における外来的要素といっても、なかなか複雑である。たとえば中国の福建や雲南に似た食べものがあるからといって、ただちに大陸から日本に伝わったものだと、考える必要はない。同様に朝鮮半島と日本の食文化の共通性も限りなくある。そもそも共通する文化圏にあるこれらの地域の食文化は、外来か自生か、その原型はどこか、せんさくすること自体、さほど意味があるとも思えない。いずれにしても東アジアを覆う照葉樹林文化の産物にちがいないからである。

照葉樹林文化とは何かについては『照葉樹林文化』(上山春平編、中公新書、一九六九年)を参照願うことにしよう。ただ照葉樹林のイメージとして、たとえば東京の北の丸公園でもよい、あるいは京都の下鴨の森でもよい、歩いてみよう。五月である。若葉は五月晴れの陽光に照らされて光りかがやいている。クス、カシ、シイ、ツバキ、などの木々があるいは高くしげり、あるいは下道の茂みをつくっている。〝照葉〟とは、まさに陽に照らされて光りかがやく木葉である。葉は表面に光沢があり、柔らかく、丸みをおびて広く、みっしりとすきまなくしげっている様子が照葉樹林の姿である。

おそらく二千年前の日本は、この照葉樹林にすっかりおおいつくされていただろうといわれる。しかし人間の力はおそろしい。この照葉樹林を切りつくし、焼きつくし、照葉樹林の衰えたあとから杉や松がそだって、現代の景観となっているらしい。ところで、生物というものは温度と雨量のパターンによって植物のパターンがきまるとそこに住む動物も一定してくる。人間とて動物の一種であるから、照葉樹林にはまた独特の民族文化が生まれ、熱帯雨林には独特の民族文化が生まれた、というわけだ。だから、原始古代の日本が照葉樹林帯に位置していたのであれば、照葉樹林帯に住む民族特有の文化をもっていたはずで、その後、稲作文化がはいり、中国文化や西欧文化の影響をうけながらも、日本文化の基底には〝照葉樹林文化〟が流れているはずだ、ということになる。

照葉樹林帯は日本の東北、北陸の一部を含んで西南部をおおい、韓国、中国の揚子江沿岸を幅広くとりながら、ミャンマー、タイの北部、インドの東北部からヒマラヤ山脈の南山麓（ヒマラヤの回廊といわれる）に至るゆるやかな帯状の地帯である。さきの理論からいえば、これらの地帯には共通の文化があり、日本のように、いろいろな文明の影響をうけつづけて変容をとげた文化の原型を、かえって変化をうけにくかった照葉樹林帯の奥地に見いだせるのである。

食物を葉に包み、葉に盛るのも照葉樹林文化の一つである。もっとも熱帯雨林の文化でもあるが、こうした地域であればこそ、食べものを盛るほどに大きな葉が手にはいるからである。すでに『万葉集』の有馬皇子の歌にみえる。「家にあれば笥《ケ》に盛る飯を　草枕旅にしあれば椎の葉に盛る」と。食器を携行していない旅先であれば、椎の葉を食器がわりに食事をしようというのである。

こうした木の葉に食べものを盛るということで、現在生きている風習は〝カシワ餅〟だ。葉に餅をつつんで蒸しあげるという方法は〝チマキ〟もそうだし、そのほかにもいろいろある。

ところでこの〝カシワ餅〟のカシワというのは古代においては食べものを盛るための葉一般の名称であった。カシワの語源は「炊《かし》ぐ葉」であるという。東京などの柏餅《かしわもち》につかうカシワはブナ科のカシワであるが、西日本ではサルトリイバラのことをカシワと呼んでいる地域も多い。確かに京都の町なかの餅類を商う菓子屋には、時としてギザギザのないサルトリイバラの柏餅がある。

『古事記』の仁徳天皇の一節に御綱柏という植物がでる。これも酒を醸造するときに使ったらしいのであるが、これが今日どの植物にあたるのか議論のあるところだ。しかしここでも食べものにかかわる葉が、〝――柏〟であったことに注意する必要がある。それゆえにこそ、朝廷で食事をうけもつ部民が〝膳部《かしわで》〟であったのであり、今日も宮中や神社での儀式に柏の葉を何枚も重ねて食器とする作法がつづいているのだ。この器のことを葉椀《くぼて》という。

ホオの葉も食器になる。朴葉焼はむしろ調理器具だが、新潟あたりでは、ホオの葉を十文字にしいて黄粉《きなこ》をおき、にぎり飯をいれてまた黄粉をふりかけ、葉でそのうえを包んで藁《わら》で結んで田植のときの弁当にしたことがあったという。いかにもさわやかな弁当である。安価なにぎり寿司を桶でとると、寿司の間に緑色のビニールかなにかを櫛形《くしがた》に切ったハラン（葉蘭）の代用品がはさんである。ちょっと興ざめだが、しかしホオの葉でむすびを包むのも、もしかしたら寿司の間のハランも根は一つではないか。

寿司を葉で包むのは、飯がなれてゆくあいだの乾燥を防ぐために最も有効な方法であろう。だから葉で包む寿司は少なくない。身近なところで奈良の柿葉寿司《かきのはずし》もその一種だ。あるいは、ハランに寿司をのせる。ハランのような大きな葉は寿司をのせたり包んだりするのには一番ぐあいがよさそうだ。京都の鯖寿司はハランで包んで日持ちがよい。多分乾燥だけでなく保存の効果もあるのだろう。きっとハランでなれ寿司を作っていた記憶が即席の早《は》や寿司になって、包みとしてのハランが必要なくなっても、寿司の間にハランを櫛形に切って飾るという工夫を生んだのではないか。そのハランが手に入りにくくなって、いまやビニールになってしまったわけだが、いいかえれば、それほどに食べものを葉に盛った過去の記憶は、日本人のなかで執拗に生きてきた、ということになろう。

　というわけで照葉樹林文化を基層とし、歴史的にさまざまの段階で異文化を受容するなかで日本の料理文化は展開している。こうした事実を前提として、なおかつ、日本料理文化の自律的展開の道筋とはどんなものであったかを問うのが本書の意図である。東アジア全体の食文化については石毛直道氏をはじめとして、多くの先人が研究しているので、これはひとまずおく。歴史的な外来の食文化受容についても著作は多い[注]。私なりの見取り図は第三部の二に示した。そこで本書では、あくまで日本の内部、それも懐石《かいせき》を中心に料理文化の展開を述べることにしたい。

　最後に、本書の構成について一言しておく。第一部として、本書の中核である懐石誕生とその後の展開を置いた。そして第二部にその前提となる懐石以前の歴史を配している。歴史的展開の順番でいえば、逆になる。あえて、こういう構成としたのは、日本料理文化史における懐石の位置をまず読み解いて、何故、懐石が誕生したのかその前提へと論を展開してみたかったからである。かつて『倒叙日本史』という書物があったが、こうした試みも、時として許されるだろう。この構成が適当であったか否かは読者の判断にまかせるより他にない。

（注）石毛直道氏の著作は多く、その単行本については、序文、あとがき類を集めた『食前・

食後』（平凡社、一九九七年）参照。同氏の共同研究の成果である『論集　東アジアの食事文化』（平凡社、一九八五年）が本書の前提の一つとなる。なお、日本の食事文化についての文献目録も含めて『講座食の文化・第二巻　日本の食事文化』（味の素食の文化センター・石毛直道監修、熊倉功夫編、農山漁村文化協会、一九九九年）が便利である。

目次

日本料理文化史

第三部　料理文化の背景

日本料理文化史

懐石を中心に

第一部　懐石誕生

一　懐石の誕生

懐石とは何か

懐石の誕生は日本料理文化史における革命とも呼べるような意義のあるものであった。しかしその革命は、料理文化を一挙に変貌させたのではなく、ゆっくりと変化させたのであった。なぜなら懐石は茶の湯の料理であって、料理の本流ではなく、傍流であったからである。その懐石もまた一挙に完成をみたわけではない。長い時間をかけて様式を整え洗練されてきた。そして懐石の誕生から変遷が、日本料理の本流に対して、大きな刺激を与えつづけ、結果として懐石が日本料理の本流となったのである。

しかし、それにしても懐石とは何かということについて、必ずしも定説があるわけではない。そこで、私なりの考えを最初に述べておきたい。

「懐石」といい、「懐石料理」といい、あるいは「茶懐石」ともいう。文字をかえて「会席」とも書くが、それぞれ別の意味があるのだろうか。「懐石」はいうまでもなく、茶の湯の料理のことである。茶の湯の世界では懐石とのみいって、懐石料理とはいわない。茶の湯を離れて料理だけが供される料理屋料理となったとき、懐石風という意味で「懐石料理」の語が用いられる。茶懐石も似た用語で、茶と懐石は同義反復で意味をなさない。現代の懐石料理は宴会料理であるから飯・汁は料理の最後に出る。しかし懐石は飯・汁が最初に出るというわけで、茶の湯でなく料理でもてなすだけにしても、茶事風にご飯を先に出す場合、特に「茶懐石」という場合がある。「会席」であるが、実はこちらの方が古い言葉で、「懐石」はのちに作られたその宛字《あてじ》である。

懐石という言葉が最初に史料に登場するのは『南方録《なんぽうろく》』である。『南方録』は後世の創作物なので、用語については著された元禄三年（一六九〇）まで下がると考えなければならない。少なくとも利休の時代（一六世紀後半）の信用できる史料には懐石という文字はあらわれない。『茶話《ちゃわ》真向翁《まむきのおきな》』（一八〇三年成立）には「茶湯の献立を懐石と書くが、その意味を理解しないで会席と書くことがある。それもおかしいと、会膳献立料理などと書く人もいる。やはり懐石と書くべきであろう。この字はもと禅語だときいている」（筆者が現代語訳、以下同じ）と記されていて、懐石の文字が正しいと主張し、それが禅語からきていること、また「茶湯の献立」という呼び方があったことがわかる。しかし禅語に懐石という文字はない。一般にいわれていることは、禅に温石《おんじゃく》という言葉があり、わずかな暖をとるための温石を懐にするがごとき質素な料理という意味で懐石という字が作られたという、宝永五年（一七〇八）成立の『南方続録』あたりにみえる説である。

井伊直弼旧蔵『南方続録』（彦根城博物館架蔵）には次のようにみえる。

懐石ハ、禅林ニテ薬石ト云ニ同シ、温石ヲ懐ニシテ、腹ヲアタタムルマテノ事也、禅林ノ小食、夜食ナド薬石トモ、点心トモ云同意也、草庵相応ノ名也、ワヒ《(侘)》テ一段面白キ文字也、

とある。懐石という造語の意味がよく説明されている。

しかし、『南方録』も『茶話真向翁』も江戸時代にさして流布した本ではなかったから、幕末まで懐石という言葉もほとんど用いられなかった。懐石が一般化したのは明治時代以後なので、一部では明治時代にできた言葉だと信じられていたほどである。

では懐石の文字がなかった時代に茶の湯の料理は何と呼ばれていたのか。千利休によって茶の湯が大成された一六世紀後半の史料には「会席」（『山上宗二《やまのうえそうじ》記《き》』）、「献立」（『宗湛《そうたん》日記』）、「仕立」「振舞」（『天王寺屋会記』）などの文字が使用されているが、ここで大切なことは、これらの文字が茶の湯の料理を特定する用語ではなく、今日の言葉でいえば集会、食事あるいはそのメニューの意味だったことだ。つまり、初期の茶会では、茶の湯の料理としての独特のスタイルがあったわけではなく、一般の宴会の料理と実態において差がなかったから、言葉として別のカテゴリーを示す用語は必要なかったのである。ところが千利休が活躍する一六世紀末になってくると、他の宴会料理と茶の湯の料理を区別しようという意識が

生まれてくる。いわゆるわび茶の完成は、料理の内容に至るまで、わびという美意識で貫き、新しい料理のスタイルを創造したのである。そのころ「数寄カ、リ」(『私心記』永禄三年〈一五六〇〉四月十八日・五月七日）の料理という言葉が登場することが注目される。その文脈よりすると、茶の湯座敷で飯のおかわりが出ており、それをもって「数寄」がかったもてなしである、としている。「数寄」とは当時流行のわび茶をさしていたので、「数寄カ、リ」とはわび茶風という新しいスタイルの料理の意味であろう。

一六世紀には懐石という言葉がなかったことは以上述べた通りであるが、便宜上、利休の時代にはじまる茶の湯料理一切を、今後は懐石の語で統一的に用いることにする。

さて、懐石の特質を述べるために、本膳料理と比較しつつ、江戸時代に完成された懐石、さらに、現代の宴会料理（会席）の様式との差異を表にしてみよう（表1）。

この表から読みとれるように、懐石には食前の煩瑣な酒礼がない。また、数多くの膳が出る本膳料理が、目の前にずらりと料理がならぶ平面羅列型であったのにくらべると、膳が一つに限られ、一つ一つ食べ終わるごとにそのつど料理が運ばれる、という懐石は、料理が時間系列をもって配膳される新様式の料理であったことがわかる。こうした特徴を見事にいい当てたのが、利休の時代に日本に滞在した通辞ロドリゲスの『日本教会史』の記述である。

ロドリゲスによると、桃山時代の宴会料理には四種類あって、第一の宴会の料理は「三つの食台（三の膳）の宴会と呼ばれる。なぜならば、それだけの数の正式な食台すなわち盆が、それぞれの客に対して別々に置かれるから」。まわりくどい表現になっているが、お膳

表１　本膳料理、懐石、現代の宴会の比較

様式	酒礼	食事		茶菓	酒宴
本膳	式三献 雑煮、のし、鯛、たこ、するめ、とり、酒	七五三の膳 本膳　飯・汁・三菜 二の膳　汁・二菜 以下三の膳から七の膳まで約八汁二十三菜		菓子 茶	酒　十七献 肴・麺・饅頭 芸能
懐石		（折敷一つを使って） 飯、汁、向付、煮物、焼物、強肴、吸物、香の物、湯、酒		菓子 茶	
現代の宴会料理		口取り、刺身、煮物、焼物、蒸し物、揚げ物、酢の物 酒	飯 香の物 汁	菓子（水菓子） 茶	二次会 酒、肴 芸能

が三つ出る本膳料理のことだ。第二の料理は五つ膳が出る料理、第三の料理は七つ膳の料理で、「最も荘重であり、いっそう厳粛な宴会」に出されるという。この三種は本膳料理のいわゆる七五三の膳にあたる。さて問題は第四の宴会すなわち当時はじまった新しいスタイルの宴会である。

　第四種の宴会は（中略）、信長や太閤（秀吉）の時代から行なわれ始めて、現在王国全土に広まっている当世風の宴会である。というのは、その時代以降、多くの事を改め、余分なもの、煩わしいものを棄て去って、その古い習慣を変えると共に、宴会に関しても、さらに平常の食事に至るまで、大いに改善した。

では食事を改善したとはどのような面を指したか。

料理についていえば、ただ装飾用で見るためだけに出されたものと、冷たいものとを棄て去って、その代りに暖かくて十分に調理された料理が適当な時に食台に出され、彼らの茶の湯のように、質の上で内容を持ったものとなった。その点は茶の湯に学ぶ点が多いのである。

それまでの本膳料理は、見るためだけの装飾的なものや、冷たくなって食べられない余分のものがたくさん盛られていて煩わしいものだった。ところが当世風の宴会料理は、茶の湯すなわち懐石から学んで改善されたという。逆にここから、改善をうながした懐石の特質が浮かびあがってくる。

「暖かくて十分に調理された料理」が適当なタイミングで客の前に運ばれるという順序をもった（時間系列をもった）料理であることに懐石の第一義があるとすれば、第二の特徴は「余分なもの、煩わしいもの」のない料理、つまりすべて食べ切ることのできる料理である点である。食べ切るためには、量が適当であることと、食べられない飾りものなどが付かないということが必要となる。そして第三の特徴は、あらためてのちにふれるが、料理に托された強いメッセージ性である。

初期の茶の湯料理

茶の湯が明確なスタイルをもつようになるには、わび茶の祖とされる茶人珠光《しゅこう》の活躍期より数えても、約百年の時間の経過が必要であった。その間、茶の湯を形成する点前《てまえ》作法、茶道具、茶室、思想のそれぞれが徐々に互いに影響を与えながら、わび茶のスタイルを形成していった。そのなかに料理も含まれている。

したがって茶の湯の料理も、さきにあげたような懐石の特質をはじめからもっていたわけではなく、伝統的な宴会料理である本膳料理のスタイルを踏襲しながら、一六世紀の後半に至ってようやく、新しい様式を獲得するのである。

茶の湯の料理が本膳料理の要素を払拭していく過程は、いろいろな史料が語っている。たとえば『山上宗二記』に、

紹鷗時ヨリ此十年先迄ハ金銀ヲチリハメ、二ノセン三ノ膳マテアリ

という言葉がある。武野紹鷗《たけのじょうおう》（一五〇二―一五五五）はわび茶の大成者とされる千利休の師であった。その紹鷗がなくなってより「此十年先」まで、とある。『山上宗二記』の成立は

天正十六年（一五八八）と考えてよいので、天正六年前後、つまり織田信長政権の最盛期までは、まだ金銀の箔や泥をもって食器を飾りたてた料理が二の膳、三の膳つきで供されていたことがわかる。

　これに関連して『山上宗二記』はもう一つの証言を残してくれた。

一、結花之事、紹鷗代より此十年先迄専ニ賞《モテアソフ》、但シ二膳三膳菓子フチタカニ厳《カザ》ル者也、

時代の認識は前条と同じ。結び花というのは菓子に添える紙の造花の飾りで、これも菓子の数のうちに数える習いが本膳料理にあった。本膳料理で、結び花も加え九種とか十一種といった菓子を縁高にいれて提供するやりかたを、茶の湯料理でも、ごく近年までやっていたのだと山上宗二は回想しているのである。

　このように、金銀で彩色した食器や飾りを使った実例は『天王寺屋会記』や『松屋会記』などの当時の茶会記のなかに容易に見いだすことができる。

『松屋会記』に載る今井宗久（堺の町衆。利休とならぶ信長・秀吉の茶頭）の永禄二年（一五五九）四月十九日の茶会の料理を次に引用しよう（一部省略）。

フナノスシ　　ナ（菜）汁　　テシホ

ナマス大根エリ　　飯

タコ　貝　タム

二ノ膳　杉足打

汁鳥

カイ敷サシマセ　折敷ニシキ

カマホコ　ヤキトリ　金銀　引物カサウ

酒二返　菓子 松子、イテモチ、松露 木レヰシ、アマノリ　フチ高

後段　スイセン

ミル　アカ、イ　肴二種

鮒《ふな》の鮨《すし》などがのっていた一の膳も、あとに出る二の膳と同じ杉の足打膳だったろう。つまりこの料理は二の膳つきの立派な本膳風料理だった。汁は二種、菜は五種、いわゆる二汁五《にじゆうご》菜《さい》の料理である。一の汁は菜《な》汁とあって当時よく現れる野菜の味噌汁と考えておこう。手塩は鮒の鮨のためのものであろう。鱠《なます》は大根と魚の和《あ》え物。ただ鱠といえば、基本的には魚が入った酢《す》の物であった。タコと貝はどのように解釈すべきか。「タム」(濃《だ》む)とあるのは金銀などの箔や泥を料理や器などに置いて華やかに彩色することで、さきの『山上宗二記』の「金銀チリハメ」にあたる。貝はタコを盛った容器の貝殻だったかもしれず、それであれば大型の貝に金銀を濃《だ》みてつくった器とも考えられる。これに飯がついていた。二の膳には二の汁にあたる鳥の汁がついていた。これで汁は二種となる。

さて二の膳だが、やはり茶の料理なので、一般の二の膳の扱いとは違う。杉足打は白木の杉板でつくった足打膳。膳の上に食器を並べるのではなくて、掻敷《かいしき》をしてその上に直接、食べものをのせている。掻敷というのは檞《かしわ》葉、南天、松葉、杉葉など、木の葉や小枝を敷くことで、時として紙(地紙)を敷く、と書かれている例もある。つまり、二の膳なのだが、膳そのものが器となっている。ここには「さしまぜ」とあるので何種かの葉を用いたのだろう。かまぼこと焼き鳥はご馳走である。金銀というのは、やはりかまぼこと焼き鳥にかかわる装飾なのだが、具体的には記していない。杉足打に金銀の彩色がしてあったかもしれないが、むしろ私はかまぼこと焼き鳥の串が金銀の箔紙で飾ってあったのかと想像している。引物というのは、「引て」と記されるのと同意で、取りまわしにする料理。カザウは加雑膾《かぞうなます》で、何種かの食材を加えた膾であろう。これだけの料理がでる間に酒が二返(二巡)まわり、菓子が縁高に五種盛られた。後段《ごだん》というのはのちに述べるが、酒宴の肴にあたる軽食が出される。スイセン=水繊《すいせん》は今日の葛切り。これにみる貝と赤貝の肴がついたが、これは饗膳《きょうぜん》の料理とは区別して料理の数としては一緒には数えない。したがって、本膳が鮨と膾とたこで三菜、二の膳のかまぼこと焼き鳥は一つ盛りで一菜とみると、これに引菜《ひきさい》の加雑膾で二菜。あわせて五菜ということになる。

前に引用した『山上宗二記』の、昔は金、銀ちりばめた二の膳、三の膳がつき装飾が盛んであったという料理が、紹鷗の没後も茶の湯では盛んに行われていたという記述がこれで確認できる。

利休がのちに信長の茶堂として活躍する時代になって、たとえば『天王寺屋会記』にのる佐久間甚九郎の天正七年（一五七九）十月二十八日の茶会では、本膳は内側も外側も足までも金泥がたっぷりと塗ってあり、食器の桶は銀に塗って絵が描かれていたというから、相当に派手なものだったにちがいない。あるいは同じ史料で天正八年正月九日の明智光秀の茶会では、

本膳七ツ、金ニタミテ、二膳五ツ、三膳五ツ、色々引物

とあって、本膳には七菜、二の膳と三の膳には五菜ずつがのせられたほか、引物といわれる取りまわしの料理がいろいろあって、本膳は金箔・金泥で彩色してあったことがみえる。

金銀に濃《だ》む、というのはともかく、初期の茶の湯料理が二の膳つきであったことは、茶会記にその仕立ての記載がたくさん出ることからも十分うかがえる。『日本教会史』のロドリゲスが記した宴会の記事も、正確には二の膳つきの料理の説明であった。また、正式な書院の茶の湯においては、利休没後の一七世紀でも、二の膳つきの正式の料理が供されたので、こうした本膳風の懐石が茶の湯からすっかり姿を消すのは、一八世紀に入ってからと考えてよいであろう。

ただし、同じ二の膳つきでも、従来の本膳のそれとは大きな違いがあった。料理の量も少なく食べ切ることのできる量であったし、時には取りまわし料理が次つぎとあらわれるな

ど、時間的な順序をもって配膳されることで、実質的な変化の方向は示されていたのである。

千利休の懐石

本膳風を主流としていた茶の湯料理のありかたに、はっきりと訣別の意志を示したのが千利休（一五二二—一五九一）であった。

利休の曾孫江岑宗左《こうしんそうさ》（一六一三—一六七二）は、父宗旦たちからの伝聞として次のような逸話を伝えている（「江岑咄之覚」）。

一、千与四郎、紹鷗呼、くしかき金ニたみて出し被申候、鷗感被申候

まだ正式に茶人としてデビューする前の利休、すなわち青年与四郎が、師の武野紹鷗を茶に招いて菓子を出した。その菓子の串柿に金箔を貼って（あるいは金泥で串を塗ったものか）出したところ、紹鷗が感心した、という。まさに紹鷗の時代の「金銀チリハメ」とはこういうことを喜ぶ感覚であったのだろう。

しかし宗匠となった利休はこのスタイルを捨てる。同じ史料からもう一つ逸話を引こう。

一、易、茶湯に宗くわノ若キ時呼申候、堺ノ歴之弐参人相伴ニ呼申候、前之日礼ニ何も同

道ニ而被参候、鶴の汁、金銀ノ振舞之用意ニ御座候ヲ、礼ニ被参候衆、小座敷へよび入、右之明日之料理出シ申候、膳之人数よりハ多ク出しカケ申候、扨《さて》当日ハな（菜）汁いたし被申候、

易は宗易、すなわち千利休。宗くわは武野紹鷗の遺児武野《たけの》宗瓦《そうが》（一五五〇—一六一四）である。時代は紹鷗没後十数年であろう。利休は本膳に金銀で濃みた器を、しかも最高の贅沢である鶴の汁をもって用意を整えた。ところが茶会の前日に挨拶にきた一同に、茶会でもないのにそれを全部ふるまってしまい、当日の茶会では最も粗末な野菜の汁一種ですませたという。偶然のなりゆきでそうなった、とは考えにくい。利休は、明らかに「鶴の汁、金銀ノ振舞」を否定しようとしたのである。であればこそ、当日の茶会の本番では菜の汁で懐石を出し、あるべき姿を示した、と私は考えたい。

利休は自ら一汁二菜ないし三菜の料理を実践した。汁一種ということは膳が一つしか出ないことを意味している。たとえば天文十三年（一五四四）二月二十七日の利休の会（『松屋会記』）では、

フ　汁　タウフ　ツク〳〵シ　引物クラケ
ウト　飯　菓子　カヤ、クリ　クモタコ　三種

とある。麩の煮物、独活《うど》の和《あ》え物の二種と、飯と、豆腐と土筆《つくし》を入れた汁が膳に組まれ、あとから取りまわしのくらげ（酢の物か）が供されて料理は終っている。以上で一汁三菜となる。菓子は煮しめのくも蛸《たこ》と栗、榧《かや》の実の三種であった。わずか二十三歳で利休はわび茶の懐石を試みていたといえる。

永禄二年（一五五九）といえば、茶の湯の世界でも二汁五菜式の本膳料理が大手をふってまかり通っていた時代だが、四月二十三日の利休の会をみると（『松屋会記』）、

カツヲ少マセテ　　ナ汁
タイ大皿　　テシホ　　飯
アヘマセ
引テ、カサウ、エヰ、ハヰ　　引物　生白鳥
クワシ　三種　　竹子入

とある。鰹《かつお》と鯛は大皿に盛って調味料の手塩が添えてある。あえまぜとあるので、ここは二種の魚の和え物として、大き目の皿に盛ったのであろう。あとに引菜が二種でて、一つは加雑鱠、もう一種は白鳥（これは当時、鶴につぐ上等な鳥）、竹の子だが、これは煮物とみてよい。つまりあえまぜと煮物と加雑鱠の三種の菜と、飯と汁で一汁三菜となる。これは一つ

の解釈の可能性として提示してみたまでで、別の解もありうるだろうが、ここでたいせつな点は、千利休の茶の料理はすでに当時の一般の本膳料理風とは一線を画し、飯汁のほかに向付《むこうづけ》、煮物、焼き物（この場合は判然としない）という、のちの懐石のスタイルをほぼ内包していたことである。さらに注目しておきたいことは、引菜が二種でていることである。二種は常にでるわけではないが、引菜ということがわびのふるまいであったから、利休は必ず料理の一つは引菜とした。つまり、客の手を借りて料理が供されることに、給仕を用いないわびと、主客の平等が示されたのである。

利休の茶会の懐石を筒井紘一氏が整理された（「会席料理」村井康彦編『京料理の歴史』柴田書店、一九七九年）。これによると、利休晩年の天正十年（一五八二）以降、一、二の例外を除いて一汁二菜ないし三菜が通常となっている。こうした利休の影響は他の茶人の懐石にも急速に拡がっていき、膳を一つしか出さないという、まるで日常の食事のような簡素な茶の湯料理をつくった。たとえば、永禄四年（一五六一）の『松屋会記』から二、三の会記を引用してみよう。

十二月三日　生女へ　　全佐、紹佐、久政三人
サケヤキ物　　汁　コイ、タラ　カンナカケ足打ニ
引汁　鳥、久政ハタイ
引テ　ナマコ、

クワシ　コネリ
後段　ウトン　ナマツノスイモノ

かんなかけの足打とは膳の表面を手斧《ちような》で削って、その削りあとをみせた足打膳で、これに汁と飯、さらに鮭の焼き物三点をのせて出した。これが最初に客前に膳が運ばれてきたときの形式である。あとの料理はすべて取りまわしで、鍋に入れられた鳥の汁と(久政だけ鯛の汁)、なまこ料理の二種が取りまわされ、合わせて二汁二菜で、二の膳は用いられなかった。菓子は熟柿。そのあと後段の酒となり、ウドンと鯰《なまず》の吸物が出ているが、それ以外の肴はない。尚、久政だけが鳥を除外して鯛にかえられているのは、久政が、手向山八幡の氏子で鳩が禁忌になることから、別の料理が出されたのである。

四月八日の記事はもっと簡単である。

ウツホヤ全佐へ　生女、久政二人
カイツケ　イルカ汁
引物　コイ　飯
ウケイリ

おそらく、膳としては足のない折敷《おしき》が用いられたであろう。その上には飯とイルカの汁、向付にあたるのが貝付で、鮑《あわび》などを調理してから貝にのせて出したものという。取りまわしの料理は鯉で、おそらく刺し身であろう。ウケイリは魚のすり身を団子にして味噌仕立てで煮たものというが、これで一汁三菜となる。香の物は出ているのだが、記されることはこの時代はほとんどない。

汁が一種しか出ないというのは膳が一つであったことを示している。二の膳がつかないのである。なぜつかないのか。つかないのではなく、つけられないのである。それほど茶室が狭くなってきたことに注意する必要がある。

武野紹鷗の時代の茶室は六畳とか四畳半という広めの茶の座敷が基本だった。ところが利休は茶室の広さを一挙に二畳まで切りつめ、これ以上狭くしようがない極小の茶室をつくった。二畳といっても亭主が点前をするのに一畳必要なので客が座る部分は一畳にすぎない。この狭い茶室に、利休は三人まで客を入れよ、と命じた（「江岑夏書」）。せいぜい詰めても、人がくつろげる空間は一人半畳で、一畳であれば二人までが自然の容量である。それを一畳に三人分の膳を出すとすれば、小さな膳を各自が一つずつ据えるだけでたちまちいっぱいになってしまう。もちろん二の膳を置く余裕はない。膳も塗りの膳や木具足打の大きな膳は並ばない。足もないもっとも庶民的な食台である折敷がこのような空間にはふさわしいだろう。懐石の膳といえば折敷と思われるようになったのは、こうした利休の茶の湯料理改革以後のことである。膳が一つしか置けないという制限が、おおげさにいえば懐石の革命性を強めることになった。

今、具体的に二畳に三人という茶会の一例をあげよう。天正十七年（一五八九）といえば千利休が切腹する二年前。その十一月二十二日の奈良の仏師屋春藤の茶会記が『松屋会記』に載る。

一、仏師屋春藤へ
　　才ヤ宗以　ヲヒヤ宗栖　久好三人
二条（畳）敷　ハヲチノ釜
一、備前水指、手洗ノ間ニ置合テ
　　汁ニシニセリ入
ナヘヤキ　タイ
　　飯
ナマス　タイ　シラカ　ハシカミ
　クワシ　コンニヤク一種

茶室は二畳と極小である。ここに三人の客が入った。道具もわび茶らしく羽落ちというから古い釜で、羽の部分が欠き落した釜に、地味な備前の水指をとりあわせている。料理は鱠《なます》（鯛と白髪大根とはじかみの酢の物）、鯛の焼き物（鍋焼というのは炮烙焼のようなものか）の二菜。汁は巻貝（ニシ）とせりを入れたもの。菓子もこんにゃくを煮〆《にしめ》にしたもの一種。

まさに一汁二菜のわび茶料理である。しかし鍋焼の鯛は一人ずつに配膳されたとは考えにくい。あるいは焼き物として取りまわしたとみるならば、焼きたての熱い炮烙の蓋を取る瞬間の楽しさが懐石の趣向であったかもしれない。つまり、そのことが、ロドリゲスのいう「暖かくて十分に調理された料理が適当な時に食台に出され」るという意味であった。

茶室の狭さが懐石の発達に影響を与えても、一元的にそれを理由と考えてはならない。茶室の狭さも含めて、茶の湯のすべてのスタイルが「わび」という思想にもとづいていたことが重要である。それを料理についていうならば、利休にとって茶の湯の料理の目的は美味であるとか、珍味であることではなく、わび茶人らしいわびの表現であることだった。亭主によるわび茶の趣向の表現の一部に料理も位置づけられていた。料理が主人から客へのメッセージを含むことはしばしばあるが、茶の湯料理の場合、わびの表現という新しいメッセージが料理に托されたのである。わびの表現はその中に季節感の問題や、食器のデザイン、食礼などをも含み、それらを総合した料理を生みだす力となった。ここに懐石とよばれる茶の湯料理の新しい主張が生じた。『紹鷗門弟への法度』（成立年不明）に「会席は珍客を招いたときであっても、わび茶にふさわしく、一汁三菜をこえてはならない」とある。

史料としては利休の時代より百年後の成立とみるべき『南方録』は、いかにも利休らしい言葉を伝えている。たとえば、

小座敷ノ料理ハ、汁一ツ、サイ二カ、三ツカ、酒モカロクスベシ、ワビ座敷ノ料理ダテ

不相応ナリ、勿論取合ノコク、ウスキコトハ茶ノ湯同前ノ心得也、

と述べ、一汁二菜、三菜を命じ、「料理ダテ」を否定した。いいかえるならば、料理人の料理ではなく、家庭の素朴だが心のこもった料理をめざしたのである。『南方録』はまた別の箇所で、

わびの茶の湯ハ、大てい初終の仕舞二時《ふたとき》に過べからず、二時を過れば、朝会ハ昼の刻にさハり、昼会ハ夜会にさハる也、其上、此わび小座敷に平ぶるまひの遊興のもてなしのやうに便々と居る作法にてなし、

といい、茶会が二刻すなわち四時間以内に終ることを命じ、本膳料理風の饗膳を「平ぶるまひ」「遊興のもてなし」といって否定している。それは、一般の宴会でおこなわれる食後の酒宴（献立のなかでは後段と表現される）を省略することを意味していた。懐石とは、まさにわびという美意識が先行して、それを表現しようとするメッセージ性をもって成立した料理であった。その意味で料理が利休の考えるわび茶の枠を逸脱すると、利休は茶の湯そのものを拒絶した。

元禄時代に成立した『茶話指月集《さわしげつしゅう》』という逸話集に、千利休が守口のあるわび茶人を訪ねた話がのせられている。現代語訳をはさんだテキストで引用する（林屋辰三郎他編注『日本

の茶書』2、平凡社、一九七二年）。

森口（守口。京・大坂間の要衝）という所に、ひとりの侘《わ》び（侘び茶人）あり。利休とし（知）る人なりければ、「いつぞ、茶をたべん（いつの日か、茶を共にいたしましょう）」と約す。ある冬のころ、（利休が）大坂より京へのぼるに、かの侘びをこころざし、夜ぶか（夜ふけ）に出《いで》て尋ねたれば、亭主よろこび迎え、休（利休）内に入る。栖《すま》居《い》、いとわびて、心にかな（適）う。ややありて、窓のもとに人の音（訪）ないしけるをみれば、亭主、行灯《あんとう》に竹竿を持ちそえ出て、柚《ゆず》の樹《き》のしたに行灯をおろし、竿にて柚を二つばかりとりて内に入りぬ。休、打ちみるより、「是を一種の調菜にしつるよ」と、侘びのもてなし一きわおもしろく思うに、あん（案）の如く柚味噌にしたため出す。酒一献過ぎて、「大坂より到来す」とて、ふくらかなる（ふくよかな）肉餅《かまぼこ》を引く（とりだす）。休、「さては、よべ（夕べ）よりしらする（知らせる）ものありて、肴《さかな》もととのえ侍るにこそ。始め、わざとならぬ躰《てい》（ようす）にみせつるは、作りものよ」と興《きよう》ざめて、酒いまだなかばなるに、「京に用事あれば、まかる（失礼する）」とて、いかにとむれども（いくら引きとめても）聞きも入れず、（京へ）のぼりぬ。されば、侘びては（侘び数奇においては）、有り合わせたりとも、にげなき物（似つかわしくないもの）は出さぬがよきなり。

突然の利休の来訪に、わび茶人は驚くやら喜ぶやら。その住居もすこぶるわびているし、もてなしも利休の心にかなうものであった。ところが、その懐石にもち出してきたのは、何と立派なかまぼこであった。わび茶人の家にかまぼこの用意があるはずはない。さては誰かが利休の訪問を知らせてあらかじめ用意してあったにちがいない、と利休は腹を立てて帰ってしまったという。

茶の湯の料理の要素としては、料理の味や姿ばかりでなく、もっと大切なのはわびのメッセージ性であることを、この逸話は示している。

懐石が日本料理史のなかで画期的な位置を占める理由は三つあった。第一は順番をもって、作りたての料理がそのつど運ばれるという時系列をもったサービスが中心になったことである。第二は、のちに述べるように、伝統的な本膳料理が食べ残すほどの量を出したのに対し、質的にも量的にも食べ切ることのできる料理としたことである。そして第三の理由は、料理のメッセージ性あるいは趣向という点を料理に加えたことであった。このような懐石の特質を、趣向の面白さという点でひきついでいったのが近代の日本料理であったともいえよう。

二　近世公家の懐石

近世初頭の懐石

千利休を中心に一六世紀後半、茶の湯がわび茶というスタイルを確立し、それにともなって新しい茶の湯料理たる懐石が注目されるに至ったことは、さきに述べた。茶の湯の流行は、社会のさまざまの層にひろがっていったのであるが、利休のわび茶とは一歩距離をおいた茶の湯が公家社会にあった。つまり世をあげての茶の湯流行の影響で公家も茶をたしなんだけれど、すでに中世以来公家の茶の湯の伝統があるので、利休とは別の茶風を展開したのである。おのずから、公家の懐石は利休のめざした一汁二菜、一汁三菜の懐石とは違う様相をみせたのである。

近世初頭の公家の懐石をみるのに、具体的な事例を日野資勝《すけかつ》の残した『資勝卿記』元和七年（一六二一）の一年分の記事を検討してみよう。

日野家は大納言までのぼる有力な公家の一つで、室町時代に日野富子が足利義政の室となったように、武家昵懇《じっこん》の家といって武家方と親しい公家であった。ことに日野輝資が徳川家康に重用されるなど、初期の朝幕間にあって活躍した。その子日野資勝は天正五年（一五七七）に生まれ、寛永十六年（一六三九）に六十三歳で没した。慶長末年より没するまで二十年以上にわたる克明な日記を残し、そのなかには生活風俗に関する記事がまことに多い。

元和七年は、ことに公家社会で茶の湯が流行し、関係記事が多いので採用した。当時、資勝は四十五歳。最も活力にあふれていた時代でもある。

資勝はなかなか文才があった。その日記も内容豊かで面白い。ともあれ、元和七年十一月七日の日記を少しずつ分けて読んでみよう。

七日、甲辰、過夜七ツ時分ニ初雪降申候、かたひら雪也。夜明て晴申候。

まず日付のあとに天候を書くのが日記の習いである。十一月七日といえば、太陽暦の十二月十九日。この日、京都の町は初雪に見舞われた。七ツ時分といえば深夜の四時ごろだが、そのとき初雪があったとは、たまたま目覚めたものか、誰かにあとで教えられたものかわからない。それにしても時間はかなり正確に記しているのが日記の特徴である。かたひら雪という言葉もゆかしい。

中納言より早々雪消シのさけ食籠来、則賞翫申候也、配分候て三条殿若上《わかじょう》へも遣申候也。

中納言というのは資勝の息子で日野光慶《みつよし》といい、当時三十一歳。親子といいながら十四歳しか違わない。雪消しとは初雪見舞のことだろう。息子から雪見舞の提《さ》げ食籠《じきろう》に食べものを詰めて贈ってきた。「さけ食籠」は「酒・食籠」とも解釈できるが、日記に手提《てさげ》のついた食籠がよく登場するので、ここは食べものを入れた提げ食籠と考えておく。三条若上は資勝の娘で三条実秀《さねひで》に嫁いでいる女性。そこへもおすそ分けをした。

今昼、中納言へ広（橋）前内府公、中御門大納言、玄仲、小内記、数寄にて拙子も参候也。

この日は息子の光慶の所で正午の茶会があって、広橋前《さき》の内大臣、中御門《なかみかど》大納言等、資勝を含めて五人のお客が招かれていた。

各、数寄屋へ御入候て、亭主火を直《なおし》候て後、振舞之時、拙子も相伴ニ出申候、亭主座敷ニ居申候。

資勝は身内なので、お客と一緒には茶室に入らず、亭主光慶の炭手前《すみでまえ》が終わって食事の時になってから茶室へ入って相伴したとある。火を直すというのは、今日の炭手前のことで、公家といえどもきちんと茶の湯の点前をしたことがわかる。

さていよいよ食事。振舞と称している。

振舞之様子、杉ノアシウチ、汁鶴、平茸ニミソヤキ、大根ニ少《スコシ》丸ニウスク候て入、ワン《（椀）》

アカリコ、杉ノ箱ニアシヲツケ、ナリ色々、フタシテ、炮《あわび》（鮑）、魚ススキ也、クワイ、赤貝ナト入て、ネリミソ、ワキニ塩、山椒。

香の物の出るところで、一度切って解釈しておこう。公家日記のなかでも、これほど詳しい料理の記事を記すものはないので、非常に貴重である。

振舞いの様子は以下の通り。杉の足打膳というから、白木の二枚板の足を打ちつけたお膳が出ている。わび茶では、足のない角盆のような折敷《おしき》を用いてわびを表現しているが、足打膳は足がついているだけ、折敷にくらべると格が高い。高位の公家なので平折敷を用いることはなかった。足打の上にはあがり子椀に鶴の汁が入っていた。この時代の最高のもてなしは鶴の汁であり、二番目が白鳥であった。宮中でも正月十七日に鶴の包丁式があって、公家衆も見物した。ともかく鶴が鳥類の長であった。汁の実は平茸と大根の丸く薄く切ったもので、焼き味噌の味で仕立てられていた。

その次は杉箱とあるので杉箱焼きを思い起こすところだが、どこにも焼くという言葉がないので、それではあるまい。これは色々の形をした杉箱に、鮑《あわび》や鱸《すずき》、赤貝、くわいなどを入れ（その一部は生ものだったのではあるまいか）、杉箱のなかに調味料として練味噌や塩、山椒を添えて進めたもので、今でいえば向付であろう。

次に香の物と焼き物がでる。魚の焼き物のくさみをとるための香の物なのである。

引而先カウノ物色々又やき物、鮭、マナ鰹《かつお》、又雉《きじ》ヤキ鳥、御酒一返、古酒二返めヨリ、ミソレ七返ナリ、ソノ間、肴、ナマコ、鮎鮓　同糟ツケ、カキ、鮎塩引、又トロ、なへにタマコニ、大根のク、タチ《(茎立)》、ユノ皮細候て三つ也出申候。

さてつぎつぎと御馳走が出た。まず引きてというのは取りまわしである。香の物いろいろを一つ盛りにして客の間を取りまわしたのである。焼き物として鮭とまなかつおの二種の魚と雉の焼き鳥。その間にも新酒、古酒とみぞれ酒が出て、計十回盃が回った。みぞれ酒とは奈良の名産で、干飯や麴《こうじ》を加えた酒で、酒のなかに点々と白い粒の浮いているところがみぞれの気持なのであろう。懐石では酒三返が原則。十返は公家だからである。肴の方は、これまた色々。興味深いのはとろろ汁に卵が入っていること。日本人は長いこと鶏卵を食べなかったものだが、江戸時代になってだんだんに食べるようになった。これは比較的早い例。柚の皮は吸口だろう。「三つ也」というのは誤写らしく意味不明。三之膳かとも思えるが如何。少なくとも膳一つで、これだけの料理を出すことはむずかしい。

このあと、茶会の飾り、道具組みの記載になる。本論と関係が薄いので省略するが、茶会の流れだけ、簡単にふれておこう。

利休によってわび茶が確立してからは、小間といわれる四畳半以下の茶室（ここでは数寄屋といっている）が茶の湯の場となった。一同が揃うのを待つ待合を出て茶室に入ると、炉の季節（冬期）はまず炭点前がおこなわれ、炉に炭をつぐ。湯の沸くのを待つうちに懐石の膳が運ばれ食事となる。ここで中酒《ちゅうしゅ》といって食事中の酒が出る。中酒として公家の場合は大量の酒が出たようである。最後に菓子が出て、この日は、

　菓子ハツクネ芋、水クリ、スハリアフリて

とあり、これをいただいて休憩（中立《なかだち》）になる。スハリは楚割《すわやり》（鮭や鰤《ぶり》の乾物）か。

　中立後、再び茶室に戻り、濃茶《こいちゃ》、薄茶をのんで茶会が終わるが、そのあと公家の茶の場合は、多く後段とよばれる酒宴がついていた。次に「広間へ御出候て」とあるように、狭い小間から広い座敷に移り、心身ともくつろいで宴となるのが、大体の茶会の構成である。

　広間へ御出候て、後段素麵、吸物小鮒《こぶな》也、大御酒、謡、舞有、令メ二沈酔セ一候て罷帰候也、

これが公家の茶会の本領。最後は徹底的に飲むのが約束であった。「沈酔せしめ候」というのは公家日記の常套語で、飲みつぶれたことをいう。その時の肴は素麵と小鮒の吸物。謡曲や幸若舞などのそれぞれ各自得意の芸が開陳されたことだろう。こうした芸能が酒の肴になるのは今も昔もかわらない。

　かくして公家の茶会は終わる。わび茶の懐石が一汁二菜、あるいは三菜という方向に向かっている時代に、公家の茶会は、それと関係なく、中世以来の饗宴のスタイルを守っていた

のである。
日野資勝の日記はこのように献立の記事が大変くわしく、元和七年一年分だけとってみても、詳細な記事のある会が二十二回ある。そのなかには町人や僧侶の茶会もあって、公家ばかりではないが、資勝の食生活の一部であることにかわりはないので、その二十二回の献立を表にしたものを掲げよう（表2）。

表2　日野資勝の日記にみる二十二回の献立（元和七年）

月日	亭主	料理（　）のなかは用具、または料理法・配膳法などの注記
一月二十三日	日野光慶	（本膳）根モノ・ナマス、コノハタ（ヲケカク《桶角》）、鮭焼モノ、高モリ （二膳）鴨ノ羽モリ（カク）、（中ニヌリツホ《塗壺》）イリコ《煎海鼠》フトニ、ニシ《螺》ノツホイリ（皿二）、汁・鴨 （三膳）ハシカミ、鯉ノサシミ、スズキ《鱸》（モリマセ）、汁・スズキ、引肴色々、酒五返
三月　十一日	禁中	（本膳）焼鮒（五匹）、ハウハン《芳飯》、ナマス、（クワンヒウノイマヤキヒツミサラ） （二膳）鳥ノ汁、（桶金ニタミ）、鶉《ウズラ》ヤキ鳥、ウナキ《鰻》カハヤキ、ハス、香ノ物（板）、（飯汁チヤハン也）、（菓子）結花、チマキ・白サタウ、ムキクリ、木クラケ

四月二十七日	竹屋光長	(足打) 汁・竹子・椎茸・ハヌケカモ《羽抜鴨》、鯛サシミ、モミウリ、(引テ) カマホコ、大ハンヤキトリ、大根一夜ツケ、コトシナスヒ《今年茄子》、 カラタウフ《唐豆腐》・煎海鼠《イリコ》ニマセ、トロロ (ナヘニ入)、コチ、ハマクリ (壺皿、煮テ)、鯛ナシ物、(菓子) チマキ、木クラケ
七月　四日	日野資勝	(本膳) アイマセ (金タミ、アイノ土器ワ《輪》ニスエ)、汁・スイキ・イモ (二膳) 冷汁・イリフ《煎麩》、昆布・青豆・大根物 (壺皿ニ) (重箱) トロロ (ナヘニ)、アフラタウフ (葛ニテ煮ル)、(菓子) チマ キ・コヲリコンニヤク《凍蒟蒻》
八月　十四日	広橋兼勝	(足打) 料理ナマス・ササイ・カレイ・大根ヲロシ (クワンニウ《貫入》ノカ シハノハナリ白皿)、汁・松茸・大根 (四方ニホソナカクシテアフ ル)・赤貝、柚ミソ、(引テ) 青豆、香ノ物・ナタマメ・ナスヒ・ア ヲウリ、エタ《枝》山椒、コマシオ (ソメツケ《染付》ノハチ) (足打) 焼鮎、ウナキカハヤキ・ス (アヲクシ《青串》)、(引テ) 鯉ノサシ ミ・イリサケ《煎酒》、鮑 (煎テヌリツホサラニ)、ウルカナシ物 (セイチ《青磁》 ノサラ)、酒五返
八月　十九日	日野資勝	(足打・本膳) 汁・納豆、ハヤナマス (猿ノ皿ニ)、柚ミソ・クルミ・ 松子 (二膳) 鮑ヤキ・赤貝 (ワニスヘ、杉ニテフタ)、汁・河ススキ《鱸》 (ウシ《潮煮》 ホニ)、(引) 鯉ノサシミ、河ススキ・(黒重) 香ノ物イロイロ (足打) マツタケヤキ、イリコフトニ

		(足打)カマホコ、ムクトリ(ヤキテ)、ハエノ吸物、梨・ハス、生タコ、ウルカ、クルマエヒ、カラスミ等(セイチノ鉢)、御酒七返、 (菓子)キントン・ミツクリ・コホリコンニヤク
八月二十七日	九条忠栄	(本膳)汁・生鴨・牛蒡《ゴボウ》・フ・松茸、ナマス、メヤウアヘテ、川鱒ヤキ物・ハララフリテ (二膳)汁・イモ、貝ヤキ(鮑ノカラニ)、(引)青大豆、香ノ物、カマホコ、ウナキ、ヤキトリ、クキヤキ、松茸、(後段)ウトン、吸物・ササイ
九月　七日	日野資勝	汁・鱈、アメ(料理ナマス)ハララ入、鯛杉ヤキ、串鮑、カマホコ、青豆、根之物、テンカク《田楽》
九月二十九日	大福庵	汁・大根、アヘマセ、二ノ汁・トロロ、柚ミソ、油昆布、(引)青ユテ、油豆ブ、芹《セリ》ヤキ、梨、香ノ物、(後段)素麵
十月　六日	日野資勝	(本膳)汁・大根・カマホコ、アツメ汁、カイヤキ、イリコノフトニ (茶碗ニ)、ナマス (二膳)汁・鴨・牛蒡・フ、クラケ(桶キン《金》)、雲雀《ヒバリ》・フ(ヤキテ)、香ノ物 (三膳)汁・鯛(ウシホニ)・カニ、マナカツヲ・鱸(サシミ)、蓮、(引)サヨリ、鮭、カマホコ、カサミ、酒七返、(菓子)コネリ、マン、ヤウカン、コヲリコンニヤク、ミカン
十月　十日	日野資勝	(本膳)汁・大根、煎海鼠、丸鮑、焼鮒(連れの者にはクチ)、料理ナ

		マス
十月　十一日	鍵屋道活	(二膳)鱸サシミ、汁・真鴨・牛蒡・フ、(引)カマホコ、ヒハリ、ササイ、ナマコ、煎鮑、(後段)素麵、アツムキ、吸物・コチ、海老、(菓子)コネリ、ウスカハ、蜜柑、イリカヤ、(チヤウケ《(茶請)》)カヤ汁・一字《ひともじ》、カイヤキ・赤貝・鮑、香ノ物、(引)小カマホコ、鮭ヤキ物、飯ノウヘニテンカク《(田楽)》、鴨(壺皿ニ)、ササイ・生ニシ《(螺)》カラシス《(辛子酢)》、ナマコ、セリヤキ《(芹焼)》、栗、(菓子)餅、ササキヲツケテ白サタウナシニ・牛蒡
十月　十四日	鶴ヤ久五郎	(本膳)汁・大根ノミソヤキニ鴨、料理ナマス、二の汁・鱸ニ昆布(ウシホニ)、ニシ《(螺)》(壺皿)ニ、カマホコ(小板)、鶉(ヤキテ)、(引)香ノ物、鯛ノハマヤキ《(浜焼)》、鮭ノヤキモノ、ナマコ、(菓子)梨、柿、(後段)カキノ吸物、伊勢海老、セリヤキ、ナマカイ《(生貝)》(飯ノ湯ナシニ酒)
十月　十六日	日野光慶	汁・鴨・牛蒡・フ、イリコフトニ、料理ナマス、(引)鶉、カマホコ、鮭ヤキ物、セリヤキ、香ノ物色々、ササイ、鮎鮓《アユズシ》、(菓子)柿・ウスカハ、(茶ノ菓子)水栗、木海月《キクラゲ》、テマリノヤキ《(手毬の焼)》餅、(後段)麵、吸物
十月　十七日	日野資勝	汁・大根、料理ナマス、マルアワヒ《(丸鮑)》、二の汁・鴨・フ・牛蒡、柚ミソ、鯛ノヤキ物、(引)香ノ物、カマホコ、鮭ヤキ物、ささい、セリヤキ

十一月　七日	日野光慶	(足打)汁・鶴・平茸・ミソヤキ・大根(ワンアカリコ《(上り子椀)》)、アワヒ・ススキ、クワイ・赤貝(杉箱ニ)、ネリミソ、塩、山椒、(引)香ノ物色々、ヤキ鮭、マナ鰹、雉ヤキ鳥、(肴)ナマコ、鮎鮓、同糟ツケ、カキ、鮎塩引、トロロ(ナヘニ)・タマコ・大根ノククタチ《(茎立)》、柚ノカハ《(皮)》、(菓子)ツクネ芋、水クリ、スハリ(アフリテ)
十一月二十一日	昕叔顕啅	(足打)汁・平茸・山芋・牛蒡、(江戸ツホ皿)岩茸、(四角ツホ皿)ウトアヘ、(引)ワラヒ、油昆布、根ノ物色々、塩、山椒、フ(アフリ・青串)、ウトン、(菓子)アフリユハ《(炙り湯葉)》、ウキクラケ、水クリ
十一月　三十日	大福庵	汁・干菜、アヘマセ・昆布、(引)トロロ汁・椎茸・チシヤ、(引)アフラタウフ・アララフ・ヤキタイコン、(菓子)蜜柑、唐ノ芋
十二月　四日	日野資勝	汁・竹子・ツクネ芋・タウフ・大根、ササキ(アヘテ)、昆布(ツホ皿ニ)、(引)イリコフ、牛蒡、ウト(アヘテ)(重箱三重)、香ノ物、油フ、川チシヤ、平茸、吸物、セリヤキ、(菓子)テマリ餅、ミツクリ、木クラケ
十二月　五日	日野光慶室	汁・鴨・牛蒡、松葉、ヒツナマス《(氷頭鱠)》(カフト《(頭)》サラ)、イリコ、丸アハヒ(ツホサラ)、(引)カマホコ、ウツラ、カウノ物・牛蒡、フリノヤキ物、セリヤキ、ウナキ、ササイ、カキノスイ物、コノワタ、(菓子)ウスカワ、ミカン、(茶ウケ)里イモ、ミツクリ《(水栗)》、スワリ、(後段)鮒吸物
十二月　十三日	如天瑞玄	汁・大根・山芋・ナメススキ、アフラフ、ケシス《(芥子酢)》、アフリコフ、

十二月　十九日	慈照院	(引) ヤキ大根、ワラヒ、香ノ物、(ナヘニ) 青ス、タウフ、ククタチ、(皿二) アヘマセ、岩竹、川チシヤ、セリヤキ、(菓子) 焼餅、ミツクリ、キクラケ (足打) 汁・ナノコマコマ・ナメススキ、料理ナマス、(引) 香ノ物・シホ・サンシヨ、イリコフ、ヤキ大根、トロロ (ナヘニ) フ、アフリタウフ、ワラヒ、シソ、ナツトウ、(後段) 吸物・平茸・山ノ芋、ワラヒ・サンシヨノカワ、セリヤキ (食籠)

これらの献立は茶会の料理だけではない。たとえば正月二十三日の献立は日野光慶の嫡子が元服した祝いの振舞いのものであるし、三月十一日の禁中の招宴なども含まれる。しかしそれ以外は茶会で、常時、宴会にしろ茶事にしろ、料理を楽しむ用意があったというわけである。おそらく、そのために日野家には料理人がいたのであろう。これが貧乏公家の場合には、料理人を雇っておくだけの余裕はない。石高でいうと日野家の約六分の一ぐらいの中流公家西洞院家《にしのとういんけ》では、今日は茶会があるという日だけ、長右衛門という料理人を臨時に雇ったり、あるいは親戚の武家川勝家より料理人を借りてきたりして間に合わせている。日野家の日記にそうした記事がないので、日野家ぐらいの大家になると自家の料理人がいたとみるべきだろう。

この料理の一覧表をながめると、茶会の場合も含めて、一般の宴会料理風の本膳料理の伝

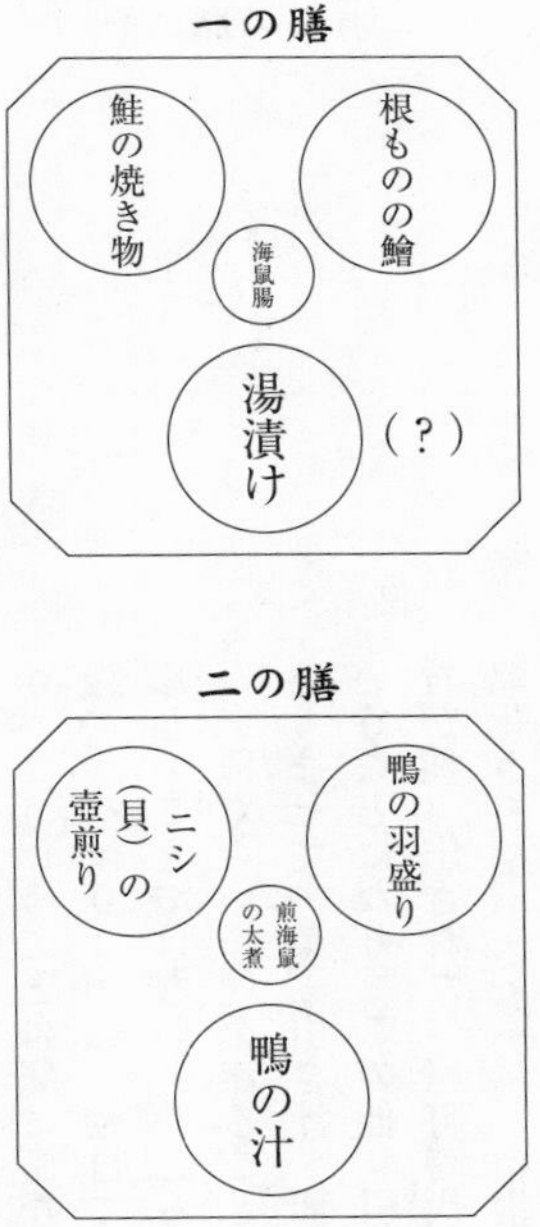

図１

統が守られていたことがわかる。正月二十三日の献立は元服の祝膳で、そもそも伝統的な儀礼料理だから当然であるが、本膳、二の膳、三の膳までついて、おそらく塗りものの皆具《かいぐ》で供されたのであろう。記事が簡単なので想像するほかないが、根物《ねもの》というのはあとに鱠とあるので根菜の酢の物とみたい。表のなかでは飯の記事を省略したが、この日の記事には「高モリ」とあり、汁の記載がないので、あるいは、次に出る芳飯《ほうはん》（湯漬け）と同じものであったかと解釈してみた。これで汁と飯。本膳の菜は鱠《なます》、角型の桶に入れたこのわた（桶は膳の中央に置いた）、鮭の焼き物の三種となる。

二の膳は鴨《かも》の羽盛り、中置きに塗り壺とあり、これが煎海鼠《いりこ》の太煮の器と考える。これに皿にのったニシ（サザエの壺焼きか）で三菜。汁が鴨で、羽盛りの鴨と素材が重なるのだ

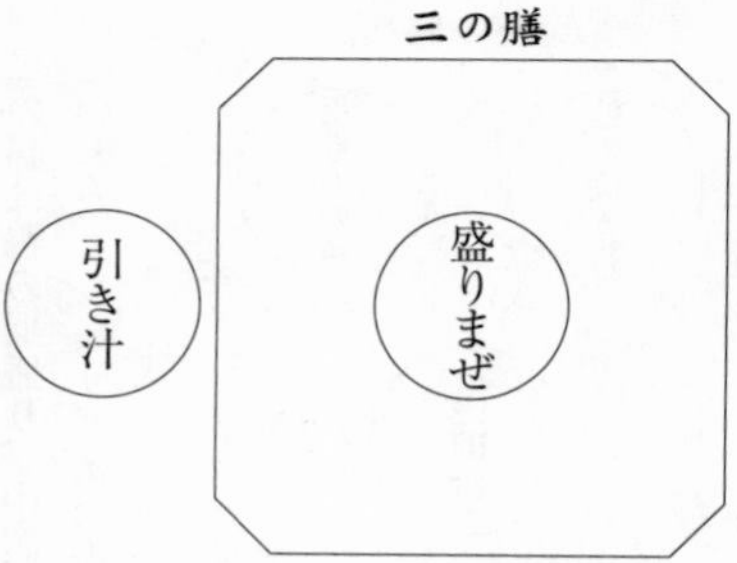

図1

が、こういうことは気にしない。次の三の膳も盛りまぜに鱸《すずき》で、やはり汁が鱸。今日では嫌がるかもしれぬが当時は珍しいことではない。むしろ材料の関係で、一つの材料から二種ぐらい料理を作ることが喜ばれた。鯉の刺身と鱸の盛りまぜで一菜、引き汁一種。総て合計すれば三汁七菜ということになり、この他、引肴というから取りまわしの酒肴が種々出された。室町時代の七五三の膳にくらべると簡略化されているものの、正規の本膳の形態が守られている。これを図解すると図1のような膳組みになろう。

　三月十一日の献立も特別のものである。禁中では公家衆を集めてときどき宴を開く。花見や菊見など季節に合わせたもので、このときは三日間にわたって連日十数人ずつ公家が招かれて宴会が行われた。十一日が三日興行の最終日で、酔払った公家たちは池に飛びこんで水をかけあったり乱痴気騒ぎをして、例によって沈酔した。さて料理は芳飯の本膳、鳥の汁の二の膳つきであった。芳飯は『料理物語』に、

　芳飯の汁　にぬきよし、かまぼこ、くり、生薑《しょうが》、おろし、玉子、ふのやき、なあへて、
あげこぶ、めうが、花かつほ、のり、きざみ候ものは何もこまかに仕よく候

とあり、いわゆる汁かけ飯である。煮貫《にぬき》がよいとあるから味噌仕立ての汁。蓋をとって汁をうけた、と記している公家もいるので、汁をあとから加えたものだ。芳飯そのものが汁と見なされて本膳には汁は登場しない。飯の上に具をいろいろ餝《かざ》るので餝飯《かざりめし》。餝の字が芳にかわって芳飯となる。日記にはハウハン（芳飯）のあとに「クワンヒウノイマヤキヒツミサラ」とあるのは、まずクワンヒウはクワンニウの誤写と見て貫入《かんにゅう》の文字を当ててよいだろう。陶磁器が窯の中で焼成されたのち冷やされる段階で、釉薬《ゆうやく》の表面に入るヒビ割れが貫入である。白い陶器の貫入にわざと墨を入れて貫入の面白さを目立たせた焼き物もある。そこでさきの言葉に漢字をあてると「貫入の今焼のひずみ皿」となり、新作で少しゆがんだ形にデザインされた皿であった。これは焼鮒をのせた皿の説明である。

この文字にこだわった理由は、この一覧表のなかに、新流行の食器がいくつか登場することにある。貫入をデザインとして意識したり、円型にしろ角型にしろ、整えられた形であるべき皿であるのに、あえてゆがんだ「ひずみ皿」をよしとしたのは、ちょうどこの時代が、「ひずみ」「ゆがみ」といったデフォルメされた形をデザインとして取りこんだ織部焼の全盛期であったことと深い関係がある。茶の湯から生じた新しいデザインの流行は、こうした食器の世界を直撃していた。

そのあとにも八月十四日の献立のなかには「貫入の柏の葉《は》形《なり》の白皿」がでる。白い皿は志野風の白釉《はくゆう》の焼き物か、あるいは磁器であったのか、これだけではわからないが、いずれにしても新しい陶磁器の登場が、こうしたところにあらわれている。しかもその皿の形が柏の葉だったというのも興味ぶかい。木の葉を食器のデザインの型にすること自体、照葉樹林文化特有の表現ではないかと思われる。引菜に用いられる大皿、平鉢、手付鉢などの使用とあいまって、食器としての陶磁器の発達が一六世紀より一七世紀にみられるのも、懐石の需要がうながした側面が大きいのである。

八月十四日の広橋家の茶会、八月十九日の日野資勝自身の茶会の懐石は、実に立派なもので、前者は足打膳が二の膳までつき、焼鮎と鰻《うなぎ》の蒲焼に青串を打ち、酢を添えて供されている。そのあとの刺身、鮑、ウルカは酒肴であろう。菓子を一覧表から省略してしまったが、梨子の輪切り、木くらげ、わらび餅が出た。

八月十九日の資勝の茶の湯料理も豪華である。本膳の杉の足打膳には飯と納豆汁、そして向付に鰷《はや》の鱠《なます》。柚《ゆず》味噌や胡桃《くるみ》、松子が添えられた。つづいて二の膳が鮑などの焼き物に川鱸《すずき》の潮汁。次の足打膳は三の膳というより酒肴の膳と考えた方がよいが、焼き松茸や煎海鼠の太煮があり、また足打膳が出て、蒲鉾《かまぼこ》以下いろいろ肴が供された。

この両者とも、およそ利休の懐石からは縁遠いもので、さきの元服の祝膳や禁中の宴とさしてかわりはない。さすがに茶の湯料理らしく料理も洗練され、食器も、染付の鉢や青磁の鉢、皿、猿の皿など、色彩や形の面白いものが多く登場している。その点では、かえって進取の気が公家の懐石に感じられる。

八月十九日の料理がことに贅沢だったのは、主客が四国の大名加藤嘉明だったことにもよる。加藤嘉明の娘が息子の日野光慶の妻となっており、近い親族でもあったし、また二十万石の大名の財力は日野家にとって頼もしい限りであったから、ことさら丁寧なる献立になったのであろう。

それにしても日野資勝の茶会の料理は、この一覧表にみる限り、多くは二の膳つき、すなわち二の汁つきであった（九月七日の料理は一汁二菜に取肴というさっぱりした献立であるが、これは節句の祝儀の料理で、あとで口切りの茶を飲んでいるとはいえ茶会とは見なせない）。しかし公家ではない大福庵の茶会（九月二十九日）や十一月二十一日の昕叔顕晫《きんしゅくけんたく》（相国寺の僧で資勝の弟）の会では、精進料理による茶の湯料理、しかもわびた懐石と呼んでさしつかえのない料理である。大福庵の会は、汁は大根の味噌汁とトロロ汁で二汁にはなっているが、菜は柚味噌や油昆布、野菜のあえものと、引菜も油豆腐と芹焼と精進の焼き物でわびた懐石であった。

当時の茶会では、料理が済み、濃茶、薄茶と茶の点前が終わったあと、座をあらためて酒を飲み直しているが、これが当時の公家の茶でよくおこなわれたいわゆる後段《ごだん》である。十月十日の後段では素麵や熱いウドン（アツムキ）などの軽食が出ている。また十月十六日には麵が、十二月十九日には吸物や山の芋など、ちょっとした食べものと酒肴が出るのが後段の約束であった。

次に材料について見よう。

まず汁の材料（表3）。

表3　日野資勝の献立の汁の材料

魚鳥		野菜					
鴨	9回	大根	9回	ナメススキ	2	トウフ	1
鱸	2	牛蒡	7	平茸	2	ナ	1
鶴	1	麩	6	椎茸	2	昆布	1
鳥	1	トロロ	2	スイキ	1		
川鱸	1	竹子	2	納豆	1		
鱈	1	山芋	2	一字（葱）	1		
カマボコ	1	イモ	2	干菜	1		
赤貝	1	松茸	2	ツクネ芋	1		

特に珍しいものはなく、ほぼ『料理物語』に登場するもので工夫されている。圧倒的に鴨が多くて七回である。利休の時代には雁がよく使われているが、ここには登場しない。単に鳥とあるのも、この時代はまだ鶏肉は常用していないので鴨のことかと推定される。白鳥や鶴が汁の最高として扱われたことはさきにも記したが、その稀少性ゆえに実際に入手がむずかしいのか、たった一回、鶴があらわれるだけである。鴨のとりあわせとしては、大根、牛蒡《ごぼう》、麩などが多い。『料理物語』には芹、葱、青菜とあるが、この場合はあてはまらない。汁の場合は鳥と野菜の味噌仕立てというのが最も一般的であったといえよう。

これに対して汁以外の魚鳥をみると、表4のようになる。

菜に使われる魚鳥は圧倒的に鳥よりも魚介類。練りものの蒲鉾《かまぼこ》が、菜や肴として頻々と登場しているのが面白い。交通不便な京都にあって、生の魚を食べることの困難を思えば、火が通って保存のきく蒲鉾が使われるのも当然といえばいえる。利休の時代には贅沢品だった蒲鉾も、この時

表４　魚鳥を材料とする菜の回数

鳥		魚貝					
鶉	4回	カマボコ	11回	鮒	3	ハマグリ	1
鴨	2	アワビ	9	鯛	4	カレイ	1
雲雀	2	鮭	7	赤貝	3	鯛ナシモノ	1
鷺	1	ササイ	7	エビ	3	グジ	1
ムクドリ	1	イリコ	7	ハエ	1	アメ	1
雉	1	鮎	5	コノワタ	2	川鱒	1
		鯉	3	ウルカ	1	川鱸	1
		ウナギ	4	マナカツオ	2	タコ	1
		ナマコ	4	ニシ	3	カラスミ	1
		鱸	4	カキ	3	コチ	1

代にはかなり普及をみていよう。

貝類は生きたまま輸送するか、干して保存した。丸あわび、というのは生貝だろうし、干した串あわびもでる。煎海鼠《いりこ》も乾物だ。刺身に鯉が多いことも、新鮮な海の魚が入手できないためである。

表に全部を記載できなかった菓子について、最後にふれておく。菓子は茶会の必需品であるが、今のような練りきりなどあろうはずはなく、砂糖もごく貴重品だったから、菓子の概念から遠いものが多い。利休の時代も同じだが、果物や煮物が、まだ一七世紀に入ってからも使われている。栗、蜜柑、木練（熟柿）、干し柿、煎り榧《かや》など木の実、干した果物が古風な菓子である。一方に煮シメとして用いられたであろう凍《こおり》こんにゃく、木くらげなど、いわゆる茶請けがある。なかで興味深いのは、十一月三十日の大福庵の懐石のあとに出た「唐ノ芋」である。はたして薩摩芋（琉球芋）とみるか否か、ということが問題であろう。吉田元氏が指摘しているように、まだ薩摩芋の渡来が確実か疑問視される時代で、里芋を唐芋といった例があるところから、初期の唐芋は里芋とみるべきであるとしている（吉田元『日本の食と酒』人文書院、一九九一年）。しかし、十二月五日の茶会でははっきりと里芋が登場しているので、それとは別に薩摩芋の可能性も捨てきれない。

さすがに江戸時代の菓子の豊かさがその萌芽を見せてくる。羊羹《ようかん》や薄皮饅頭などの砂糖の菓子もふえた。饅頭や餅類にはいろいろの工夫があらわれる。十月十一日の茶会では「ササギをつけて、白砂糖なしに」とある。白砂糖はなくとも大角豆が甘くなかったわけではあるまい。薄く甘みをつけ、さらに砂糖を添えるのが贅沢だったのだが、この場合はそれが省略されたのである。この頃、煎餅なども新たに流行しだした菓子である。資勝はどこからか煎餅の語源をきいてきたらしく、二月十二日の条に、仙人の袂《たもと》（袂《べい》と餅《べい》は音が共通）を引きちぎってできたのがセンベイで、これを食べると命長く、仙人になれるなどと記している。

日野資勝の日記を中心に、江戸時代初期の公家たちの茶の湯料理や宴会料理の実態を見てきた。そうしてみると、わび茶を完成した利休の主張とは無関係に、宴の料理とほとんど変わらない茶の湯料理が公家のなかでは楽しまれており、武家の茶よりもゆるやかな享楽的な茶が公家の茶であったといえそうである。しかもその内容は、十分味つけされ食べきれるような豊かな内容であった。配膳法は記されていないが、本膳料理とちがって小間での懐石であるから、その都度、出来たての料理が運ばれるというスタイルがとられていたのではないだろうか。新しい料理法や材料もあり、ロドリゲスのいう実質をともなう茶の湯料理は、こうした公家の懐石のなかである程度実現されていたといえるだろう。

一八世紀初期の茶会

日野資勝の時代から約百年後の一八世紀初頭、茶の湯と食事に関する貴重な記録を、予楽院近衛家熙《いえひろ》（一六六七―一七三六）が残した。三百会をこえる茶会記と、山科道安《やましなどうあん》による聞書『槐記《かいき》』には、同じ公家社会でも、資勝の時代と全く違った懐石の様子が記録されている(注)。

まず『槐記』のなかで予楽院の自会記にみえる懐石を引用しよう。享保九年（一七二四）十月二十三日、東本願寺連枝深諦院を招き山科道安が相伴した茶会である。掛物は定家の文。

御会席、御膳角ノ足ウチ、フチノマン中ニ一スジノヒアリ、朱膳ノ内クロシ、足トモニ角ミキリノカド、

御汁、真キザミ大根、鶴、アヲミセリ、ツルノスヂ、一位様ヨリ進上、公方様御コブシノ鳥、

平皿、コモ麩二ツ、ナメ十計、少シ葛、

御香物、南京四角ノ鉢、奈良漬、ウリ、カブラ、

御重箱、外シユンケイカケナガシ、中クロ、鯛大切ニシテ塩ヤキ、是ハ御前御持参、

御吸物、椀リウキウ青漆朱糸目、タヒラキニ、紫蘭藻紫色、備前ヨリノ献上、

猪口、子ウルカ、花カツホ、

御菓子、ドウメウジモチ、シキザトウ、ニンジンヲロシカケ、ニンジンニシメ、カシボン唐物御持参、

これは『資勝卿記』とも共通することだが、膳、器類について注記が詳しい点に特色がある。膳は朱塗りの足打膳。ただし内側は黒塗りとあるので膳の鏡の部分が黒塗りであったのだろう。縁の真中に一筋の樋がある、と記者の山科道安は細かい観察をしている。

さて、『槐記』の記録と同日の会の記事が『予楽院御茶湯之記』（以下、『茶湯之記』とする）に残されていて、双方を比べるとよりわかりやすいので、次に懐石の部分だけを引用し、のちに解釈することにしたい。

御献立

平皿 すくいふ はりゆ　御汁 薄たれ かわこほう 鶴しへ 青み しらか大こん

御めし

御香の物 南京 青磁鉢　青漆塗 御重箱 塩焼鯛 柚す

御酒　御肴　うるか　花かつを　御吸物　しらも　たいらき
御茶くわし　人じん餅　にしめかしらいも　さとう　後御菓子　求肥、おくらまん、こんふ、山椒、みかん

両者を比較しながら解釈を試みよう。『槐記』の「ツルノスヂ」というのは、汁の鶴の筋で、予楽院の『茶湯之記』の方では「しべ」（蕊か）とあり、足の関節に続く筋を抜いて汁の実にした。それにしても将軍が鷹狩りで得た鶴（拳《こぶし》の鳥）の献上品であった。「真キザミ大根」というのは白髪大根のことで、要は細く糸のようにきざむことが真キザミの意味であることがわかる。『槐記』には皮牛蒡《ごぼう》がなく、『茶湯之記』の青みは芹《せり》であったことが知られる。平皿（蓋つきの平椀）は煮物で、薦《こも》麩、ナメ茸十個ばかりに葛あんがかけられた。『茶湯之記』によればすくい麩とあり、針のように細く切った柚子《ゆず》の皮が添えられていた。平皿を向こうにして飯と汁を組みつけて膳が出ている。

次に香の物と重箱の焼き物が持ち出された。香の物は瓜と蕪《かぶ》の奈良漬が中国製の青磁鉢に入れられ、青漆（『槐記』は春慶塗）の重箱に塩鯛の焼き物、柚子が添えてあった。

さてここまでが食事で、一汁二菜ということになる。記事にはないが、ここで酒（中酒）が出され、あわせて吸物（平《たいら》貝と紫蘭藻）が琉球漆器で運ばれた。次の猪口は肴で、子ウルカを焼いて花かつおが添えられたのであろう。

一汁二菜に吸物・肴一種という献立で、最後に、道明寺餅に敷砂糖し、上から人参をおろ

してかけた餅が『茶湯之記』にいう人参餅であり、『槐記』の人参の煮しめは誤りで『茶湯之記』の頭芋の煮しめが正しいだろう。以上が唐物の菓子盆にのせて出された。

なるほど鶴の汁というところは前太政大臣の格を示すものであるが、懐石の内容は、まさに懐石の名にふさわしい一汁二菜の食事となっている。

もう一、二の例を引こう。

『槐記』享保十一年（一七二六）二月二十四日、これも深諦院を招いての茶会である。臣下の山科道安が記録しているので、「主君御汁」というように予楽院の茶会の場合は、すべての道具や料理に敬称の「御」がつく。

御汁、小鳥タヽキ、青ミ小菜タヽキ、ウドメ二切、ウスブクサ味噌、

御煮物、豆腐ヲ千重ノ菊ノ形ニキリ、真中ニ卵ノ黄ミヲ、フルヒゴシニシテマキテ、

御鱠、セトノ皿、鯛バカリモリワケ、ケン防風、一方ハ平作リ、一方ハホソヅクリニシテ、

御酒

御肴　青漆ノ重箱、タイラギ焼テ青グシ、芝川ノリ菱ニキリテ、

御吸物、マテ貝共ニ、身四切、

猪口、子ウルカ、
御菓子、青モチヲシヤキン袋ニシテ、ムキグリ、

煮物が先に書かれているが、現代の感覚でいえば、鱠《なます》が向付になるところだが、冬の茶会では、煮物を飯・汁と組んで最初に出すことが多かった。汁は小鳥のたたきというが、摺り流しにしたもの（『茶湯之記』には「小鳥とき入」とある）。青みとして小菜、ウドの芽を二切れ入れて薄めのふくさ味噌の味つけである。煮物はなかなか凝ったもので、豆腐を菊の花の形に切り、まんなかに卵の黄身だけを水嚢《すいのう》で漉《こ》して菊の花に見立てた。鱠は瀬戸の皿に鯛を、平作りと細作りの二様の包丁さばきをみせて盛った。そして青漆の重箱がでる。平貝を焼いて青竹の串を打ち、海苔を菱形に切って添えた。当然あるべき香の物が記載洩れであるが、『茶湯之記』では南京黄薬鉢で一同で取りまわした。ここで酒が出て、肴の猪口に入った子ウルカとマテ貝の吸物が供された。

したがってこの懐石は一汁三菜に一吸物一肴という仕立てで、先の会より一菜多いもてなしであった。先の会では、後段に吸物と肴があらためて出ているのに対し、この会は後の菓子だけで客を帰しているので、懐石に一品増やしたのかもしれない。

予楽院が他会へ行った際の献立もほぼ同様で、たとえば『槐記』享保十一年二月二十日の百拙の茶会の懐石をみると、

汁、タンポ、、トウフの湯バ、ウドメ、ウスブクサ、
御膳、ハンダイ、御椀、チヤワン、ヤキモノ、
皿、ツクシ、ヨメナ、針栗、イリ酒、
煮物、ヤキ豆腐、ゴマミソカケ、
吸物、人参ノ根、タン冊ニキリ、葉少シ、シホ松茸、クズキリ、
ヘギ、和歌浦ノリ

とある。飯台を用いたところが僧坊の茶らしくて面白いが、一汁二菜一吸物一肴と内容はすこぶる質素である。

興味深いのは肴の和歌浦の海苔をのせた片木《へぎ》折敷である。今日いう八寸に近い。『槐記』全巻のなかで、片木をこのように肴をのせる八寸風に用いた例は六例しかなく、そのうち同じ人物が二度ずつ亭主を勤めるので、むしろ特異な例とみるべきであろうが、今日おこなわれる吸物、八寸という仕立が突然あらわれるのではなく、前提としてこうした動きが一八世紀のはじめにあったのである。

予楽院の茶会記にみる懐石は、一、二の例を除いてほぼ定型化していた。しかし、なかに遊びの趣向が皆無だったわけではない。予楽院自身が企んだ趣向の懐石を一例引く。享保十六年（一七三一）二月二十三日、坊城中納言以下を招いての茶であった。

御会席　堂上方ハ青漆ノ足付ノ膳、朱ニテヨコニ一スヂアリ、意斎ハ平折敷ナリ、
御汁　ヨメナ、セウロ、フクサ汁、
御香物　ウリナラヅケ、菜茎、南京黄薬ノ兜鉢
御膳先　半平シキアン　シヲ、山椒　木具　杉ノへギニテ足ツキナリ、タトヘバ、杉ヤキノ箱ノゴトクニシテ、足ノツキタルモノナリ、形イロ〳〵ニテ御客一人々々別々ナリ

カヤウノ類ニテ、以上九ツアソバス、一通スミテ、カハリヲ出サル、トキハ、又形ノソレ〴〵ニカハリタルヲ出サル、半平ノ仕様モ、タトヘバクジラモチノヤウニ中一スジヲ青色ニシテ両方ハ白ナリ、ソレヲクズアンシキテ、ノセラレタリ、タトヘバ四角ナル木具ニハ丸キ半平ヲイレ、丸キニハ四角ナルヲ入ラレタリ、二カハリニテスミタリ、三カハリマデハ其用意アリ、カヤウノ所凡慮ノ及ブ所ニ非ズ、他ニ

アルマジキ御仕方ナリ

御皿　キンラン手赤絵　鯯鱠　ケン防風、水ノリ、イリ酒　御酒

御鉢　アカエノゴス、平タキハチナリ、シギノヤキトリ

御吸物　イカノホソツクリ、サンセウノ芽、

まさに他にあるまじき趣向で、向付に当る料理（半ぺんを葛あんにのせて出した）を杉の木具にいれ、膳の前に一人ずつ置いたわけだが、その木具のかたちが全員別々であったという。図のように形も丸と角（細長いのもあったか）があり、足の形も二枚板を足に打ったスタイルや、猫足風の足がついたものやいろいろで、これにあわせて中に盛った半ぺんも、丸の木具には四角に、四角には丸をと工夫したという。しかも、一人三つずつ準備して合計九箇あった。

ここで思い出されるのは、さきに引用した『資勝卿記』の元和七年（一六二一）十一月七日の記事である。この時も「杉ノ箱ニアシヲツケ、ナリ色々」とあった。予楽院の趣向とよく似た印象を受ける。あるいはこのような趣向が公家の懐石にはあったのかもしれないが、めったに見られるものではなく、それだけに会衆を大いに喜ばせたのであろう。

以上みてきたように、予楽院近衛家熙とその周辺の公家社会でおこなわれた懐石は、一汁

二菜ないし三菜、それに吸物一肴一がつくという、極めて正統派の懐石であった。約百年前の、日野資勝たちの奔放な二の膳つきの料理とくらべて、茶の湯の本道にずっと近づいていることがわかる。それは、千利休流のわび茶が公家社会へも浸透した結果であった。

近衛家は、ことに利休の孫千宗旦《そうたん》と近衛信尋《のぶひろ》との親しい交友もあって、茶の湯に対する関心が深かった。信尋の息近衛尚嗣《ひさつぐ》は、実際に宗旦から茶の湯の伝授を受け、『茶湯聞塵《ききちり》』という茶書も執筆している。尚嗣の茶の湯を精査された松澤克行氏によれば、『茶湯聞塵』は次のように評価されている（「江戸時代の公家の茶の湯」『茶道学大系・第二巻　茶道の歴史』淡交社、一九九九年）。

尚嗣の茶の湯を知る上ではまたとない貴重な史料であるが、これを繙くと、点前・所作・飾り付け・道具の寸法など百近くにものぼる箇所に、「宗旦説也」「宗旦伝也」などと、宗旦から教えを受けたことを示す文言が注記されている。それらは点前に関するものが中心であり、尚嗣が宗旦から茶の湯を実際に学んでいたことを明示している。

こうした状況は近衛家だけではなく、地下《じげ》の壬生《みぶ》家においても、千家の茶が深く浸透していたことを松澤氏は指摘している。壬生忠利が残した日記の寛永二十年（一六四三）より万治三年（一六六〇）までのなかに七十回をこえる茶会の記事があり、そのなかでは、千宗旦、江岑宗左父子との交友が圧倒的に多く、また壬生忠利を宗旦に紹介した富小路頼直や、忠利に宗旦への紹介を頼んできた五条為庸《ためのぶ》など、公家社会が千家流のわび茶を受け容れる状況が明らかにされた。

一七世紀中期に、千宗旦の人気もあって千家の茶が公家社会に影響を与え、ことに近衛家はその後も千家との交渉が続き、それを背景として予楽院の茶が登場するのである。『槐記』のなかにみえる茶の湯関係記事は、おそらく全体の五〇パーセントをこえると思われるが、それほど予楽院が茶の湯についてよく語り得たのは、世間一般が理解する千家流の茶の湯よりも、もっと正統な千家の茶の湯の伝承が近衛家にあるという自信にもとづくものであった。事実よく伝えられていたであろう。元禄時代を経て、千家の茶に変化があらわれてくるのに対し、かえって予楽院の茶に宗旦流の古い茶風が残っていたともいえよう。

予楽院をはじめとする一八世紀の公家の懐石が、百年前の公家風の茶をすっかり脱して、ごく正統な一汁二菜ないし三菜の懐石を実行していたのは、以上のような茶の湯のありかたによっていたと考えてよいだろう。

(注) 近衛家熙は近世の公家のなかで最も才能豊かな人物の一人で、『唐六典』の研究をはじめ学術、有職、芸術とさまざまの面で大きな仕事を残した。茶会記は正徳三年（一七一三）八月二十七日より享保二十一年（一七三六）正月七日までの二十四年間、三百八会の自会記を残している（陽明文庫蔵）。この茶会記については、川崎佐知子氏による校訂書が出版された（『御茶湯之記――予楽院近衛家凞の茶会記』思文閣出版、二〇一四年）。

三　千家茶会記にみる懐石

千利休によって基礎づけられた懐石が、その直系の子孫である千家流の茶の湯のなかでどのように継承され、懐石の歴史の展開のなかでどのような位置を占めてきたかについては、まだ明快な説明はされていない。そこで千家歴代の家元の茶会記のなかにみえる懐石の記録を通して、一応の見通しをたててみたい。

「千家流」という言葉であらわすところは、千家が茶家《ちやけ》（茶を家業とする家）として確立してのちのことで、利休や少庵さらに若き日の千宗旦は、茶家という認識をどこまで持っていたかわからない。むしろ一人一人の個人が茶人として評価されていたので、茶家としての評価はまだ未発達であったといってよいだろう。茶家をめざすようになるのは宗旦の壮年以降、いわゆる息子たちの有付《ありつき》（仕官）に宗旦が奔走するようになる寛永年間の初期（一六三〇年以降）のことと考えてよい。

周知のように千家は、表千家、裏千家、武者小路千家の三千家に分立している。宗旦の努力によって三人の息子が茶堂として出仕し茶家として自立した結果で、紀州徳川家に出仕した江岑宗左《こうしんそうさ》に家督を譲り、これが表千家（不審庵）となる。宗旦の最後の棲家となる裏の隠居所を譲られたのが仙叟宗室《せんそうそうしつ》で、この家が裏千家（今日庵）となった。一度養子として吉岡家へ養子に出た一翁宗守《いちおうそうしゆ》は千家に復姓し、武者小路千家（官休庵）を創出した。

千家流の懐石を調査するには、この三千家の史料を逐一検討する必要があるが、まだ家元関係史料の多くは未調査で公開されていない。史料としては『江岑宗左茶書』にみえる宗旦、一翁、山田宗徧の懐石、『臘月庵日記』中の仙叟茶会記、及び明治年間に筆写されたと思われる『不審庵会記』全十五冊のうちより摘録して、㈠一六五〇年頃、㈡一六九〇年頃、㈢一七三〇年頃、㈣一七六〇年代及び一八〇〇年代、㈤一八三〇年代の五期にわたって懐石の構成を検討することにしたい。

単に編年して概観するならばもっと多種の茶会記の分析が必要となるが、一流として二百年間にわたる茶会記を残している例は他にない。その意味でこれらの茶会記は貴重な史料といえよう。

㈠　一六五〇年前後の懐石

千宗旦が没するのが万治元年（一六五八）で、この時期は宗旦の晩年に当たり、三人の息子たちが自立し、また高弟のなかからのちに宗旦四天王とよばれる藤村庸軒、杉木普斎、山田宗徧らが活躍をはじめる時代でもあった。

まず、千宗旦の懐石からみることにしたい。

従来、知られていた宗旦の茶会記は『松屋会記』にあらわれる三会にすぎなかった。そのうち一会は記事がなく、あとの二会は懐石のない菓子の茶であったから、宗旦の懐石はほとんど不明というよりなかった。しかしその後、宗旦の息江岑宗左の茶会記が千宗員編『江岑宗左茶書』（主婦の友社、一九九八年）で紹介されて、そのなかに、江岑を客とする宗旦茶会が十一会見いだされた。その懐石を、すべて左にあげておこう。

①正保二年（一六四五）三月二十五日（客不明）
なます　汁　ふな
かうの物
②正保三年二月二十九日朝（客不明）
あへ物
　汁《たきミそ》　あつめ
ほしな、かふら、ミそに
　引而
やき物　たい
　さかな
あわひ、わたあへ
③正保四年二月十日朝（客不明）
しほさんせう　やうし
いせゑひ　汁　かも、たいこん、せん《（繊）》 ふ、こほう
なます　うを、いろ〳〵

④慶安二年（一六四九）二月十日朝（客江岑、利兵衛）
　ほしな　あらめ　ふななます

⑤慶安二年八月十四日　口切（客江岑、久甫、宗不）
　あらめ　汁　がん、ふ、しいたけ、こほう　たいこん、なすび
　なます　やき物　しほくち
　　くわし
　　　さゝい、にしめ

⑥慶安三年三月一日昼（客江岑、三郎兵衛、利兵衛）
　ふななます　汁　ほしな
　かうの物　たうふ　ミそ

⑦慶安四年二月九日朝（客江岑）
　あへませ　なニがん
　　さけのやき物

⑧承応二年（一六五三）八月六日朝　口切（客江岑、宗不）
　をろしなます　汁
　　引物

⑨承応三年四月五日（客江岑、石川宗無、利兵衛）
　さしミ　ふな　汁　ふな　ワカメ

かうの物

⑩明暦元年（一六五五）二月九日朝（客宗守、江岑、八兵衛、利兵衛）

　汁　がん、すまし

あらめ

　やき物　こせう

あほいて

　はまくり

⑪明暦元年十一月一日昼（客宗守、江岑、利兵衛、八兵衛）

　汁　大こん　たい

たい、酒びて

　さけ、やき物

わずか十一会の献立で結論を得ることはできないし、懐石は茶会の道具組や客組とも深い関係があるので、それだけを取りあげて分析するのは適当とはいえない。そうしたいくつかの条件を考慮にいれても、この献立からうかがえる宗旦の懐石は、まことにわびたものであったといえよう。

まず①では、一汁一菜の料理。なますの内容は記されていないけれど、汁は鮒《ふな》、のちにも出るが鮒は宗旦の好物か、よく用いられている。香の物も何の漬物か、記されていない。

②では、あへ物とあるだけで内容不明の一品、それに干菜《ほしな》と蕪《かぶ》の味噌煮で二菜。さらに取りまわしにされた焼き物が鯛であわせて三菜。汁のたき味噌（文字は「たき」であるが、あるいは焼き味噌か）仕立てのあつめ汁の一汁。あつめ汁は熱い汁の意と、集め汁で具のいろいろ入ったものをさす意味と両方ある。この汁の具は記されていない。肴としてあわびの腸《わた》あえが出ているが、これは中酒の肴であって菜ではないので、一汁三菜と数えてよいだろう。十一会の献立のなかでは一番立派な内容といえる。

③は伊勢海老が中心で、これに塩山椒がつき、さらに楊枝が添えられていた。汁は鴨をはじめ、大根のせん切り、麩、牛蒡と具が沢山の汁。なますは「魚がいろいろ」というのだから二種も三種も入ったものであった。以上で一汁二菜である。

④は料理名の記事が省略されて、材料の記事だけである。二つのケースが考えられる。一つは干菜の汁（⑥に登場）にあらめの煮物。もう一つは干菜とあらめを一緒に煮たもので汁の記載がない。いずれにしても鮒なますと合せて一汁二菜。

⑤は、あらめとなますの関係が不明。汁は雁、麩、椎茸、牛蒡、大根、なすびの、具がたっぷりした汁。焼き物は塩をした甘鯛。以上でやはり一汁二菜。菓子はさざえの煮しめ一品。菓子は、甘いものと辛いものの二種を出すのがきまりで、慶安といえば一七世紀の中期なのに、甘いものがなく、煮しめ一つというのも珍しい。

⑥の鮒なますは他の会記でも頻繁にあらわれる。冬の間は生鮮野菜が手に入りにくいので干菜がよく使われる。豆腐と味噌は田楽か煮物か不明だが、汁とは別の一品。香の物は数え

ないので一汁二菜の懐石ということになる。

⑦は懐石の記事としていささか不完全であって、菜に雁という素材の料理が何かを記していないが、位置からみて汁としてよかろう。したがってあえまぜの内容は不明である。焼き物が鮭で、これも一汁二菜である。

⑧は口切の茶会であるが、時期が八月六日と早過ぎるので、一般の口切とは別かもしれない。懐石も一汁二菜のごくわびである。おろしなますは大根おろしのなますで一品。引物は内容を記していないが取りまわしで一菜が加わった。

⑨は一汁一菜。鮒のさしみだけの菜で、汁もわかめと鮒で、一尾の鮒を二種の料理に用いたものだろう。ここでは香の物と記載される。なかには書いていない場合があるが、基本的には香の物がないということは考えにくいので、書かれていない場合は記載が省略されていると考えてよい。

⑩はあらめのなます、雁の汁で味噌汁ではなく澄し汁であった。焼き物のなかみは記載がなく、胡椒が添えられていたとある。あほいては不明。あぶりて、と読めば次のはまぐりにかかるか。はまぐりは肴であろう。とすると、これも一汁二菜、または三菜である。

⑪は、宗旦が没するほぼ三年前。もう八十に近い晩年の茶会である。汁は大根と鯛。向付という言葉はまだないが、その位置に置かれたはずの菜が鯛の酒びてである。鯛が汁と共通する。さきの鮒もそうだが、一匹の魚をあれこれ工夫して料理することがわびとされたのである。これに鮭の焼き物が添えられて一汁二菜である。

以上十一会の懐石でみる限り、一汁二菜が中心で、場合によって一菜であったり三菜であっても、それ以上、菜や二の汁がつくことはないのが宗旦の懐石であった。

（追記。『茶の湯研究　和比』七号（不審菴文庫、二〇一一年）に江岑の別の茶会記が、また新たに紹介され、そのなかに宗旦の茶会が二会含まれている。その献立は一汁一菜と一汁三菜で、本論の論旨と一致していた。）

江岑宗左自身の会記はないので、宗旦直伝の懐石がどのように実践されていたかは不明だが、同門の四天王といわれた山田宗徧の茶会では、どのような懐石であったかを次にみることにしよう。

①正保四年（一六四七）十月十一日昼（客不明）

なます

汁　たいこん、せん（纎）　くずし

に物　からさけ　松茸

②慶安二年（一六四九）二月十四日昼（客宗旦、江岑）

ふななます　汁　たい

かうの物

③慶安二年五月十六日朝（客宗旦、江岑、宗不）

汁　くずし　なすび

ふなます
いりこ、に物　あゆやき
④慶安二年六月二十一日之昼（客宗旦、江岑、宗無）
なます　汁　あふらあけ　とセう、なすひ
かれい、さしミ
⑤慶安二年八月十五日朝（客宗旦、江岑、宗長）
あらめ　汁　たいこん、さゝかき　めうか
やき物　しほくち
　くわし
まんちう　ようかん　まめ
⑥慶安四年三月二十七日朝（客江岑一人）
に物　いりこ
　汁　な　いも
やき物　うなき　きすこ　すす
　さゝい
　干たい　ワかめ
くわし
　後ニもち

①は、宗旦に入門して間もなくの宗徧（二十一歳）が開いた茶会で、ひびの入った井戸茶碗に清巖の墨跡という、師匠顔まけのわび茶を展開した茶会の懐石である。なますの内容は記されていないが、汁は繊《せん》切りにした大根と手でくずした豆腐を実とし、煮物として乾鮭に季節の松茸を炊《た》き合せにして出した一汁二菜の形式で、宗旦の教えを守っている印象である。

②は一汁一菜。③は今日の向付にあたるなますに、煎海鼠の煮物、鮎の焼き物と、一汁三菜の今日では正式とされる懐石の形式となっている。しかし、他の会をみれば明らかのように、鱠の位置に煮物がきたり焼き物が欠けていたりして、決してこれが定型化していなかった。④は一汁二菜であるが、汁がどじょう汁でボリュームのあるもので、今日の感覚でいう煮物を兼ねている。この点が常に問題となるのだが、今日では汁に魚鳥を入れることはまずない。そのかわりに煮物として、汁をたっぷりはった魚鳥の一椀が供される。こうした煮物の成立がいつか、まだ明らかになっていない。当時の懐石では、今日いう煮物は汁と一体で、当時の煮物は汁の少ない炊き合せと考えられる（筒井紘一「懐石料理の歴史」『茶道学大系・第四巻　懐石と菓子』淡交社、一九九九年）。

⑤は菓子の記事があって、饅頭、羊羹、豆と盛り沢山であったために、とくに記載したのかもしれない。⑥は江岑宗左の茶会記に記事のある宗徧の茶会記中、最後の会で、宗徧も二十五歳となった。千少庵の手紙を床にかけ、利休の大棗《なつめ》を用いての茶会である。料理も初期

のころにくらべると大分立派になってきて、師宗旦の懐石よりよほど豊かである。煎海鼠は前にも用いていたが『料理物語』などにも登場する食材で、のちには長崎から中国へ輸出される俵物のなかの代表的なものとなる。一般的には煮物として用いた。煮物や焼き物に魚介類を十分使う場合、汁はどうやら野菜や豆腐などのあっさりしたものが多かったようだ。この場合も菜と芋。そのかわり焼き物は鰻、きすご、すす（これは不明）と内容が充実している。さざい（さざえ）は肴として出たものか。菓子ははじめに干鯛と和布《わかめ》、のちに餅が出たとあるので、干鯛と和布が茶の子、そして薄茶の菓子に餅を出したのかと思われる。

山田宗徧の場合、わずか四年間に、はじめは宗旦風のわびの懐石であったものが、のちには、かなり充実した豊かな懐石へと変化していく傾向がみえる。これは宗徧の社会的地位とも関係があっただろう。

同じく宗旦四天王の一人藤村庸軒（十二屋源兵衛）の場合は、さすがに富裕な町人だけあって、はるかに贅沢な懐石となっている。たとえば承応二年（一六五三）十二月三日の懐石をみると、

に物　にんとう　くわい　　汁　かも　な
やき物　あまたい　てんかく
ふ、にしめ　ふななます
さかな

とある。鮒なますと麩の煮〆の二菜に甘鯛の田楽。忍冬《すいかずら》とくわいの煮物が加わって四菜。さらに肴のひばりまで加わるという献立で、さきの宗旦の懐石と比較すると、その差のあることが理解できる。

いわば外の弟子である庸軒や宗徧の懐石にくらべると、官休庵一翁宗守の懐石は、やはり父宗旦の風をよく守っている。宗守の会は九会（内一会は懐石の記事がない）ある。次にその懐石を列挙しよう。

①慶安四年（一六五一）二月二十二日昼（客宗旦、江岑、〈中村〉八兵衛、理兵衛）

ふななます　汁　にし

たいやき　ひたら　いりこ、に物

②承応三年（一六五四）正月十三日（客宗旦、江岑、利兵衛）

生たい　いりさけ　汁　たら

なべやき

ふなやき

さかな

すはまくり

③承応四年二月二十七日昼（客宗旦、江岑、利兵衛）

なます　汁　にら

ふなやき

すはまくり

④明暦三年（一六五七）六月十五日（客宗旦、江岑、元立、土斎）

すまし

かも　たいこん　ふり

に物　ゑい

こい、さしミ

こゝもり

⑤明暦三年八月十日　口切（客宗旦、江岑、土斎）

汁　いも　なすひ

なます　あら

重箱　かまぼこ　さけ、むしり

かうの物

⑥万治二年（一六五九）四月二十日昼（客江岑、宗也、利兵）

汁　こい

竹子　あへて

ひ物

⑦万治二年九月二十九日朝（客江岑、左吉、左助、宗也）

　　な汁

ゆミそ

さけ　むしかれい

⑧寛文元年（一六六一）三月二十五日昼（客江岑、八兵、宗也）

あへ物　　汁　たい　たいこん

ふ、なます　　ふき

あい《（鮎）》のすし

基本は一汁二菜ないし三菜であるが、⑤で重箱が使用されるなど、新しい傾向がみえる。①は焼き物が鯛で、干鱈と煎海鼠は煮物であろう。鮒なますが向付《むこうづけ》で貝の味噌汁という、なかなか贅沢な内容である。江岑もまじえた千家一族（中村八兵衛は宗守が家業を譲った婿、理兵衛は本間利兵衛のことで久田家二代、宗旦娘くれの婿）の会であった。一翁宗守と中村八兵衛の登場はこれが江岑宗左の茶会記での初見なので、披露のような祝意がこめられていたのかもしれない。

②は向付にあたるのが生鯛。いりさけをかけて調味したさしみ風のもの。汁は鱈で、鍋で鮒を焼いたとみて一汁二菜。これに肴として酢づけの蛤《はまぐり》が出ている。③の献立も酷似して

いるので、汁の「にら」は字形は「に」であるが「たら」の誤記であったのかもしれない。
④はすましと特記しているので、一般の汁が味噌仕立てであったことが逆に推定できる。鴨や鰤《ぶり》、大根のはいったすまし汁というのであれば、現代の懐石における、十分汁をはった煮物椀に近い。えいの煮物は他の会でも散見される。子籠《こごもり》は筋子入りの塩引の鮭で、焼き物とみて、鯉のさしみまでで一汁三菜。宗守の会は、菜の数は基本を守っているものの、内容としては、魚鳥類のすこぶる豊富なのが注目される。⑤も、あらのなますや重箱のなかのかまぼこ、身をむしった鮭が加わって豊かである。
⑥は汁こそ鯉であるが竹の子のあえものに干物で二菜。⑦は菜の汁に柚味噌、鮭は焼き物であろうが、むしかれいが料理のうちか肴か明らかではない。うちに含めても三菜。⑧は鮎のすしまで含めて三菜。少し前半にくらべると淡泊になっている。
以上が江岑宗左の茶会記を通してみた一六五〇年前後の千家流の懐石である。世間一般の風潮は次第に贅沢になり品数も増加傾向にあった懐石であるが、千家流では、宗旦にみられるようにやはり利休以来の質素なわびの料理が基本であった。
世間一般とはいいがたいが、同じ江岑宗左の茶会記中にみえる町人の茶会の懐石中、特色のある二例をあげよう（懐石以外は省略）。

正保四年（一六四七）十一月十八日昼　後藤少斎
料理

一、きし　さき鳥　汁かも、な、うと
　ゆミそ
　やきたいこん　西国米《くわし》　こわい
　ふりやき　　からの山のいも
　汁たら二白うを

正保四年十一月二十六日之昼　ぬしや二郎兵衛
料理
　かいやき　汁　かふ、な
　やき物 さけ とり　二汁　かも、こほう たいこん
　たいさしミ　かまほこ
　　すい物　かき

　汁が二種でて二汁三菜あるいは四菜の料理である。後藤少斎は京の銀座役人を兼ねる有力町人で、宗旦の弟子。雉子は焼いたものであろうか。そうなると三菜がすべて焼き物となるので疑問が残るが、大根の田楽以外は汁まで含めてすべて魚鳥という贅沢な献立である。このように汁を二種だしても、膳は一つであったらしく、二の膳の記事はない（同じ茶会記で、大名の懐石で二の膳がでる時は必ずそのことが記されている）。後者の塗師屋の懐石で

も貝焼と、鮭、鳥の焼き物が重なる。汁が二種。一つは精進で今日の汁に近い。二の汁は鴨やごぼう、大根が合されていて、今日の煮物椀のイメージである。これも膳は一つ。二つ目の汁はあとから配膳されたのであろう。

町人の懐石の場合は、大名とちがって菜の数がふえるということはなく、むしろ汁が二種つくという例が間々みられ、千家のわびの懐石とはまたちがった様相をみせていたのである。こうした環境のなかでも千家の懐石がわびを守っていたことが注目されよう。

(二)　一六九〇年前後の懐石

江岑の弟仙叟宗室の場合は貞享・元禄期の茶会記が残っていて、江岑のそれからほぼ三十年、一世代のちの状況がうかがえる。次にそのなかからいくつかを抄録して一七世紀末の懐石を概観してみよう。仙叟茶会記は約二百会ほどの記録が残されているが、転写本であるために、懐石の原型を把握するのがむずかしい面がある。そこで信憑性の高い『臘月庵日記』(貞享三年—元禄二年、全百六十八会)に含まれる十会の仙叟茶会記の懐石を次にあげる(今日庵『仙叟宗室居士の遺芳』、一九九六年)。

①貞享四年(一六八七)九月二十五日昼

干鯛やきて　萩焼皿

菜汁　芳野椀

香の物　同朱ノ折敷

柚味噌　めし
楽焼菱ノ皿
指ミ　まなかつを、たこ
せうか酢
吸物　伊勢海老
肴
茶菓子
粟餅　干瓢にしめ

②（貞享四年）十月四日昼
瀬戸皿
鱠　鯛　汁　鯛
杉葉
香の物　めし　面桶わん
曲折敷
てんかく引テ
鯛のうすミやきて
吸物　のし
黒のり
茶菓子　真餅実寒
煮しめ椎茸

③口切
名物
塩から

冬夜豆腐　汁　ほしな
もちわん　　とうふ

めし

重箱ニ薄塩鯛焼テ
重のふたニ香のもの
重而小鳥焼テ出る
吸物　かつほ
茶くわし、もち
にしめのたけ

④

長皿ニ
鮑くるミ　汁懸めし　一文字わんかんなめ折敷
あん　但めし再返(進)所望ス
脇ニ香物
きつ立ニ汁を入　汁椀添テ出る
盆ニのせて
箸ヲ置て
ほしな、
とうふ
うとめ
くわニ

なふね　鰤小串
煮物とも吸物とも二うしほ
松茸
茶くわし
にしめ　干椎茸
⑤（貞享三年）十一月十一日朝　口切
笹ノ葉ニ香の物
指ミ　うす塩鯛 かふら骨 大かつを　酒塩ニて
汁さく〳〵
めし　丸椀、木具杉 おしき、檜木　大形
煮物　冬屋豆腐
吸もの　セリ
菓子　餅 しそのミ にしめ
⑥（貞享三年）十二月晦日昼としの名残
香のもの
汁　根ふか 里いも
萩やき皿

うなきの鮓　　めし　麁松（粗末）なる黒椀
塩蓼懸《しおたで》て　　折敷同之
煮物　冬夜豆腐
吸もの　不出
重ニ鱒やきて
菓子　もち　にしめ椎茸

⑦（貞享四年）三月朔日　風炉
鯛なます　汁　ふきの小口　干鱈、きくな
別の鉢釣付
香の物
重ニうとのあへ物
追付御酒出候
平鉢ニ鮑　黒ミあへ　引
菓子　草もち　煮しめ椎茸

⑧（貞享五年）十一月二十日朝
このわた　汁さくさく

煮物　冬夜豆腐
食　面桶椀
香の物□（虫損）とて馳走ニ出来　木具赤板
赤板黒塗菱形　おしき
重ニなふね　うす塩御切□（虫損）鯛やきて
吸物　塩松茸　蓼穂
菓子　強飯　但さんニ米交セて
椎茸にしめ
⑨（元禄二年、一六八九）閏正月十一日
細根大根　汁　豆腐　黒海苔
合物　めし
鉢ニ
香の物　朽地《ママ》かろき黒塗
煮物　鴨と麩　折敷大
吸物　木葉鰈
菓子　利休　油もち　煮しめ　椎茸
⑩（元禄二年）三月二十七日昼

杉葉ニ
香の物　汁　菜
塩から　めし
へきニ
きす焼テ
近江鮒の鮓
吸もの　いか　黒海老
柿もち　にしめ
菓子

①では、まず干鯛を焼いて出された。この一品をのせたのが萩焼の皿である。筆記者の興味にもよるのであるが、このように茶会記中の食器の記事が増加するのが一七世紀後半以降の特徴である。次に楽焼の菱の皿に真名鰹と鮪のさしみを生姜《しょうが》酢をかけて出し、おそらくこの会だけは、膳にこの二品が向こうにならび、中央に柚味噌を小さな器につけて置き、手前に飯と菜の汁を置くという、いわゆる四椀の形式で配したのではないかと想像される。香の物は元来、焼き物に添えられるものであるから、干鯛の脇にあったか。これで飯が一巡してのち、肴と吸物が供せられ酒となった。肴は内容が記されていないが、吸物は伊勢海老を使っている。今日の箸洗い風の小吸物はのちのことで、この時代はもっと具のたっぷりした吸物が多かった。

肴と吸物の呼称について一言しておこう。肴と菜の差は、料理法や材料、また盛り方の違いではない。非常に明確な分類法があって、酒と共に食べれば肴、飯と共に食べれば菜である。つまり食べる際の相手によって呼称が変わるのである。吸物と汁の違いも全く同じで、酒と共に吸えば吸物、飯と共に吸えば汁である。決して味噌仕立てか澄ましか、といった違いから生じるものではない。したがって吸物といえども具が汁と変わらずたっぷりしている場合が多く、箸洗いといわれるような淡白な吸物が登場するのは一八世紀中期以後のことである。

この観点に立つと、現代の懐石の向付《むこうづけ》の扱い方がなかなか興味深い。というのは、向付は飯汁と一緒に折敷に組みつけて配膳されるけれど、飯と一緒に食べはじめてはいけないことになっている。最初の飯と汁を食べ終わるころに、亭主が銚子と朱盃を持ちだし、一献飲んでからはじめて向付に手をつけることになる。したがって、ここまでの向付の扱いは肴である。一献が終わると、今度は向付と共に飯が食べられるわけで、肴から菜へとその性格が変化する。このような向付の扱いは肴と菜の区分けが不明確になってきた江戸時代の後期の扱いであって、これを江戸時代前期にあてはめることはできない。

さて再び仙叟の懐石に戻ろう。

②も一汁三菜。瀬戸皿に鯛のなます。これは、今日の向付の位置に置いた。杉葉は香の物の下に敷いた掻敷《かいしき》である。飯と鯛の汁。あとから田楽豆腐が取りまわされ、埋み焼の鯛も同様に取りまわされたとみたい。吸物だけ記事があり、のし鮑《あわび》と黒のり、菓子は煮しめの椎茸

はわかるがもう一点は不明。

③は口切の茶会である。名物の冬夜豆腐は不詳だが、いわゆる高野豆腐の煮たものだろう。塩辛が添えられたものか、別の容れ物に出されたものか判然としない。そのあと重箱とあるが、段々重ねの重箱というより蓋つきの箱という程度ではないか。重箱のなかに薄塩の鯛を焼いて入れ、蓋の上に香の物をのせている。焼いた小鳥は重箱に入れたのではなく、重ねて取りまわした、という意味にとっておきたい。焼き物が二種というのも、今日の常識からは疑問があるが、いまだ懐石の様式が完成されていないので、亭主の好みでいろいろなスタイルがあったというべきだろう。

④は汁かけ飯の懐石である。汁かけ飯は、飯の上に具をのせて汁をかける芳飯《ほうはん》のことで中世によくおこなわれ、正式の本膳でも湯漬けが供されるなど、湯や汁を飯にかけることは必ずしも略式というわけではない。汁と飯は別々に再進（おかわり）の用意があった。後半は意味がとりにくいが、煮物と吸物をさしているのであろう。両方とも澄ましの仕立てで松茸がはいっていた。焼き物は鰤《ぶり》を小串にさしたものである。鮑の胡桃のあんかけが向付、煮物、焼き物で三菜。これに吸物がついて菓子がにしめの干椎茸一種である。

⑤は一汁二菜。香の物は笹の葉にのせているが、他の会では杉の葉にものせている。とくに器なしで折敷に木の葉の類を敷いてじかに香の物を置くことがあった。⑥は年の暮の茶会で、鰻《うなぎ》のすしが出ている。京都宇治の名物であった宇治丸も鰻のすしであったように、各地に鰻のすしがあったようだ。一汁三菜で吸物が出なかった。あるいは酒を出さなかったのか

もしれない。⑦は三月朔日であるがよほど暖かかったのか炉をしめて風炉の茶としている。香の物は手つきの鉢で取りまわし。重箱にうどのあえ物。そのあと酒が出され、鮑の黒みあえ（腸《わた》あえか）を入れた平鉢が取りまわされている。これが肴であろう。菓子は春らしい草餅であった。⑧は記事が不備であるが、菜の汁にこのわたが向付、冬夜豆腐の煮物、鯛の焼き物で三菜。吸物がついている。

⑨は一汁二菜で、大根の合物（あえものと読むか）、鴨と麩の煮物である。⑩は塩辛とすの焼き物の二菜とみておきたい。鮒ずしは吸物に対応する肴ではないだろうか。菓子の柿もちは、柿の字が欠キの宛字で、いわゆるカキモチであろう。

仙叟の懐石からうかがえる一点は、総じて向付（という言葉はまだないが）にあたる一品があって飯と汁が組みつけて配膳され、煮物と焼き物が加わるという一汁三菜の定型が、次第に顔をのぞかせてきていることである。宗旦没後、約半世紀を経て、懐石はかなり発展をみせてきている。ちなみに遠藤元閑の『茶湯献立指南』の刊行が元禄九年（一六九六）。懐石の語の初見である『南方録』が世にあらわれたのが元禄三年（一六九〇）であったことを考え合わせると、ほぼ元禄期に茶の湯料理（懐石）のスタイルが世の人びとのイメージとして定型化しつつあったとみられよう。

第二点は十会中九会の懐石に吸物の記事があること。宗旦晩年まで、吸物の記事は必ずしもあらわれなかったことを考えると、のちの吸物八寸という酒のもてなしの前提となる吸物の定型化は、一七世紀末にはできていたことになろう。また酒は、はじめからは出さず、吸物と共に出したのではないか。

第三点として懐石家具もようやく整いつつあったことがうかがえる。仙叟の茶会記の器の記事は大変詳しい。勿論初期の会記でも器を詳細に記している例はあって、この時代からそうなったのではないが、仙叟茶会記の場合は筆者（臘月庵浅野屋浄全）の個性もあって、ことに膳椀について詳しい。芳野椀と同意匠の朱の折敷、面桶椀《めんつうわん》に曲折敷、一文字椀にかんな目折敷、丸椀に木具杉折敷、麁松黒椀に同折敷、面桶椀に木具赤板折敷、朽地かろき黒塗、大折敷、と十会中記載のない二会を除いて、あとほとんどが別種の食器となり、重複しているのは面桶椀だけで、まるで膳椀の見本帳のような豊富な記事である。茶の湯料理の定着にともなって、懐石以外ではほとんど用いることのない折敷にも、多様なスタイルが誕生してきていることがわかる。つまりこのような懐石家具の充実こそ、懐石の定着を証する重要な指標なのである。

㈢　一七三〇年代の懐石

さきの仙叟茶会記から三、四十年後となる享保十五年（一七三〇）の、表千家如心斎《じょしんさい》の茶会記をみることにしよう。この前提として一代前にあたる覚々斎原叟宗左《かくかくさいげんそうそうさ》の懐石を本来なら詳しく分析する必要がある。しかしその点について、すでに筒井紘一氏が次のように指摘している（「会席料理の近世的展開」『茶湯　研究と資料』二三号、木芽文庫、一九九四年）。まず覚々斎好みとして網目懐石家具の存在をあげ、それが何種類かの茶会に使うため数量が多いことを考慮しても、懐石の内容が豊かになる傾向は家具の充実ぶりからもうかがえるとしている。そして覚々斎の元禄十二年（一六九九）十二月五日の懐石を引用した。それは、

向付皿　汁　ゆ、雁、大こんおろし
　　　　飯　鉢　かうのもの
重箱　八寸　梅干　鱲子（からすみ）
　　　吸物　藻魚　青のり
菓子　珠光餅

とある。向付の名称がはっきり登場すること、吸物、八寸の組み合せなど、注目される。向付についていえば、次の如心斎の茶会記で享保十四年（一七二九）五月九日の江戸の会記に書き入れがあり、「鰹を使うつもりが手に入らなくて、急に向をこのようにした」とあり、鰹のかわりにちりめんじゃこが出ている。「向」という料理名が通常化していることがわかる。八寸について筒井氏は、この八寸が後の片木の八寸ではなく、肴というより菜を盛るものと推定しているが、さきにみたように、予楽院の会記（時代的には若干さかのぼるが）にヘギ（片木）が登場する。ここに出る八寸と予楽院の片木とは決して無関係ではあるまい。いずれにしても、すでに仙叟の懐石における家具の充実でもふれたとおり、それは懐石の発

展を証するもので、覚々斎の場合は懐石道具として同じデザインになる一式のセットが好みものとして創作されたわけで、より明確に当時の懐石のあり方を示すものといえよう。

さて如心斎天然宗左《てんねんそうさ》の茶会記は多いが、ここでは享保十五年十月二十九日（亭主楽左入）茶会より同年十二月二十一日（亭主鈴木宗閑）茶会に至る一冊をとりあげる。この一冊の如心斎茶会記中、手前と記された自会が十四会あって、その懐石の部分だけ、すべてを次に列挙しよう。

①十一月十六日（客久田宗也、瀬尾有兵衛、久田弥四郎、楽左入）
　　曲折敷、上り子わん　　汁ほしな、打まめ、ゆ
　柚ミそ皿　鱠きす 塩さんせう
　　　　　　　　　　　　　めし
　　赤絵鉢かうの物 ならつけ　　　平 鯛塩焼 しやうか
　　　　吸物
　　八寸取肴塩引ほら ふきミそ
　高つき　菓子くす餅
　　　　敷砂糖
②同十七日（客周斎、正甫、宗二、宗是）

平 はんへん 水な　汁 ほしな、打まめ、なめ、ゆ、

重箱 大こん 黒こまあへ　飯

猪口　ひしこ

吸物　はまくり

くわし　くす餅

敷砂糖

取肴 からすミ ふきのとう

③同二十日（客三谷宗鎮、桔梗屋久左衛門、竹田紹清）

汁 ほしな、うち豆、しいたけ、ゆ

黄瀬戸皿 浜焼鯛 むしり

飯

菓子椀 玉子とうふ さんせうのこ

吸物 うすミそ はまくり　菓子くす餅

④二十一日（客小栗栖雅楽頭、岡田正左衛門、十一郎〈一燈宗室前名〉、丸石浜兵衛）

手付皿 薄塩鯛 甘鯛 枝さんせう　汁 ほしな、なめ、うち豆

食

菓子椀 大根葛引 セうか　吸物 薄ミそ、きす子 ふきのとう

　菓子わらひ餅

⑤二十二日（客服部道円、燧谷丈助、楽吉左衛門）
楽菊皿 鯛焼焼（ママ） さんせうこ　　汁 ほしな、なめ、うち豆、ゆ
重箱大根あへもの　　飯
　菓子わらひ餅　　吸物 かき こセウ

⑥二十五日（客智仙院、大応寺、楽左入）
楪《ちやつ》子たゝきこほう　　汁 たゝきな、くろめ とうふ才 しいたけ、ゆ
平 あけ麩 ミつな　　飯
吸物 海苔 梅ほし　　菓子わらひもち

⑦二十六日（客宝泉寺、浄照坊、願泉寺）
汁 ほしな、打豆、しいたけ、ゆ
菓子椀 朧豆腐 くすあん からし　　めし
鉢香ノ物　重箱 大こんゑこまあへ 蓋ニ平かつを

⑧二十七日（客松林院、西村与三右衛門、生駒元節、十川能玉）

吸物 あけ麩 ミつは
菓子 わらひ餅 さとう
汁
菓子椀 いり子 わさひ 葛引
めし
精進膳
鉢香ノ物
向 大こんふとに くす引
吸もの とうふのさい かつお
くわし わらひ餅 さとう
⑨十二月三日（客堀内仙鶴、上田長次郎、宇野久四郎、十村宗哲）
汁 ほし菜、打豆、しいたけ、ゆ
楽菊皿 鮒煮ひたし あらめ
飯
重箱 大こん ゐこまあへ さんせう
鉢香ノ物なすひ
蓋 しほ
吸物 はまくり ふきのとう
菓子わらひ餅

⑩十二月五日（客吉見弁斎、栗田元竹）

汁 ほしな、打まめ、しいたけ

菓子椀 さわら 葛あん

飯

鉢かうの物　取肴塩貝

吸物 きす ふきのとう

重箱 大こん ゑこまあへ

菓子 餅やきて しやうゆ、さとう

⑪十二月八日（客西雲寺、大津屋七右衛門、冨田や庄兵衛）

黄瀬戸皿 あゆ あらめ

汁 近江かふ 葉こま〳〵 うと

めし

鉢香ノ物

精進

向 あけ麩 水な

汁 同

吸物 はまくり ふきのとう

重箱 あらめ 塩やき

取肴 なつとう からすミ

菓子 わらひ餅 さとう

⑫十二月十日（客千宗乾、林了宝、小原正哲）

黄瀬戸皿 酒ひて鮭貝 からすミ

汁 よめな、しいたけ とうふ才

菓子椀 はんへん うくひすな

取肴平かつほ

吸物味噌 はまくり ふきのとう

くわしわらひもち

⑬十一日（客久田宗玄、塗師道師、白粉や川西、泉や半左衛門）

汁 よめな、とうふ才 しいたけ、

織部皿 さかひて 鮭・貝

飯

平 焼鮎、あらめ 平かつほ、さんせう

吸物 薄ミそ、こち ふき

くわしわらひ餅

⑭十二日（客薩摩屋有兵衛、谷口重助、彦兵衛、丸や治兵衛）

汁 近江かぶ、葉こま〱 うと

楽菊皿 貝、鯛、きんあん いわたけ 玉子

めし

鉢 かうの物

重箱 よめな くり

吸物 鯛あら ふきのとう

取肴 塩引

菓子 くわりん 砂糖

惣くわし大まんちう

この一冊の茶会記は同年秋の茶会シーズンにおける如心斎の自他会記で、ここでは他会記分は省き自会記の懐石だけをとりあげている。したがってこの十四会の自会の前後に約同数

の他会がはさまってくるので連続しているわけではないが、前後二ヵ月弱の間であるので、だいたい似たような献立であろうと想像できる。ところが実態はまことにバリエーションに富んでいて、それぞれ工夫がこらされたことがわかる。

①は前日に茶会を開いた左入がお詰め（末客）に入っての茶会である。柚味噌、きすのなます、鯛の塩焼で三菜。ほしな、打豆、柚を吸口にした汁（これに椎茸やなめ茸が入ることもある）が、この一連の茶会では定番のように登場するのが、まず注目される。前代までの汁は、魚鳥を加えた今日の煮物椀風であったのが、これ以降は、野菜主体の味噌汁となって、今日風の汁のスタイルが、一八世紀の前期に定まったのである。香の物は赤絵の鉢に盛られているが、だいたい鉢や重箱にきちんと置かれており、仙叟の時のように杉葉や竹葉を使うことはない。これに吸物、八寸がつく。ただし、この吸物、八寸は、今日の懐石にみる主客の盃の応酬すなわち千鳥の盃と組合わされた吸物、八寸ではないが、明らかに前代の片木の八寸が肴の器として定着の方向にあったことはうかがえよう。菓子に敷砂糖がみえる。一八世紀に入り砂糖の国内供給が可能になった影響がこうしたところにもあらわれる。いよいよ本格的な菓子の時代がくるのである。

②は一汁三菜に取肴と吸物がついている。ひしこいわしを入れた猪口は取肴というよりは菜の一種とみるべきであろう。如心斎の懐石では吸物のみで肴の記載のない会も多い。平椀は煮物と考えるべきで、重箱が魚類の焼き物にかわって大根。⑨の十二月三日の会にも同じく、大根のごま和えがでている。この時代の吸物椀は今日の小吸物のような椀ではなく、一

般の椀と変わらなかった。内容も、蛤《はまぐり》を入れたたっぷりしたものだった。取肴は八寸とは記されていないので器はわからない。鱲子《からすみ》とふきのとうの取り合せは、今日の八寸でもそのまま踏襲できよう。

③は一汁二菜。鯛の身をむしったのは、黄瀬戸の皿で各自に供しているので、これを向付とみれば、焼き物なし煮物一種ですましたものか。吸物は薄味噌仕立てで実が蛤。④は客のなかに、弟の十一郎のちの一燈宗室が加わっているのが注目されるが、懐石は黄瀬戸皿が手付皿にかわり、菓子椀の内容が玉子豆腐から大根の葛引にかわるなど、微妙に変化している。菓子もこの日よりわらび餅にかわった。⑤では楽の菊皿になっても鯛はかわらず、菓子椀のかわりに重箱が出ている。「大根あへもの」としかないが、前後からみて黒ごま和えなのであろう。

⑥⑦は精進懐石である。まことに淡泊な料理で、向付のたたきごぼうと平椀のあげ麩と水菜の煮物で二菜だが、⑦ではあげ麩と三ツ葉が吸物として扱われていて、仕立てが異なるのかと思われる。⑥の汁の「とうふ才」とあるのは賽の目の「さい」である。そこから賽の目に切った豆腐の汁のことを「ばくち汁」ともいった。いささか疑問なのは⑦の重箱の蓋の記事で「平かつを」とある。精進の膳なので鰹がでるはずがないし、削った平鰹《かつお》を蓋の上に置くのも不自然で、これは誤写かもしれない。

⑧は二種の膳が用意された。正客の松林院には精進膳で向付が大根の太煮であり、他の客には煎海鼠の煮物が供されたのである。ただし、汁は精進で問題ないが、吸物のかつおがや

はり問題となる。俗人だけに吸物が出たものであろうか。同様のケースが⑪で、この場合も一人西雲寺のために精進が用意されたのであろうが、黄瀬戸皿のあゆとあらめが向付で、これに対して、精進の向（あげ麩と水菜）を用意したことがわかる（汁は精進なので同じ）。しかしあとの吸物や取肴は皆、精進ではない。このあたりの精進、なまぐさの区分けはどのようになっていたのであろうか。

⑫⑬は鮭、貝の酒びての向付、嫁菜などの汁が一致しているが、菓子椀は平椀へとかわり、内容も変化した。⑭では取肴として塩引の鮭が供された。

一八世紀前半の如心斎の段階では、かつて一七世紀末期の仙叟でみられた定型化が一段と進行し、それは今日と同じように、折敷に向付と飯、汁を組むスタイルで、図示すれば図2のようになる。

あとから平椀、菓子椀、重箱等の器を用いて菜が一菜か二菜および香の物が出る。そのあと吸物、取肴が出て菓子となるコースである。煮物と焼き物の両方がきちんと出ることは少なかった。一汁二菜か三菜に一吸物、一肴の型である。

	向付	
飯		汁

図2

このようにしてみると、千家の懐石は極めて保守的で、四椀型式よりも向付、飯、汁の三つ組みの型式が定着するとはいえ、基本的には宗旦の時代とさして変化はなかった。ただし、さきにも述べたように汁の実は野菜だけのごくさっぱりしたものに変化してきていることは一つの変化である。吸物は前代と同じく蛤などの魚介類を用いていて、今日の箸洗い風の小吸物へはまだ至っていない。

(四) 一七六〇年代及び一八〇〇年代の懐石

享保から約三十年後の宝暦十三年（一七六三）の啐啄斎《そったくさい》千宗左の茶会記から懐石を抽出してみよう。この時期の懐石の大きな変化は、吸物の内容がほとんど魚介類を含まなくなり、吸物椀の形態はわからないが、内容の点では今日の吸物にかなり近づいてきていることである。

尚、大量に残る啐啄斎の茶会記の中から、たった四例だけを抽出するのは、かなり恣意的な作業にちがいない。しかし大まかな傾向はここからもうかがえると考える。

①（宝暦十三年、一七六三）十月十五日

木地折敷　汁 茶碗ニテ かふら、なこま〳〵

楽ノ皿 ごまめ 大こん　飯 茶碗ニテ

香ノ物

平 鴨、はも ゆ輪切　取肴 ぼら塩引 納豆

くわし

②(同)十月十八日昼

汁　蕪菜

百合皿　赤貝、きす、大こん　くり、せうか

飯

香物瓜

平皿　鯛蒸テ　玉子かけ　　吸物　松茸　梅干

八寸　ぼら塩引　かため

③(同)十一月二十五日　井上玄乗へ

汁　菜

猪口　酢、赤貝、大こん　くり、セうか　　飯

坪　いり子　わさひ　　香ノ物瓜

吸物　ゆりね

取肴めさし

菓子　羊羹　惣くわし　まつ葉

④(明和三年、一七六六)十月十八日　客千玄室

朱丸椀　カンナへ、折敷

坪皿　玉子、きんなん　岩たけ、あわひ　　汁　な　青からし

重箱 香ノもの 鯛背切塩焼　吸もの なめ ふきのとう　飯
取肴 さこ 納豆
くわしまんちう　惣菓子しらむめ

例によって以上四会記について解釈を試みよう。

①この懐石では木地の折敷を膳とし、飯汁が茶碗（陶磁器）で出たのが珍しい。吸物の記事はないが肴がぼらの塩引と納豆の二種で、こうした二種盛りが増えてくる。掲出していないが、次の十六日懐石ではただ一例、魚を使った吸物があらわれ、「吸物　鯛あら」とある。

②前代に続いて汁の実は野菜だけでごくさっぱりしたものになっている。吸物も百合根、土筆《つくし》、ふきのとう、松茸、なめたけ、しめじ等が一種または二種といった淡薄な内容に変化してきた。

③これは啐啄斎が招かれて行った先の茶会での懐石であるが、内容は千家とほとんど変らぬ仕立てである。ただ不思議なのは焼き物がほとんど出ないことである。もちろん皆無というわけではなく小鯛の塩焼などが出ることがあるが、その時は煮物が省略され、かえって向、煮物、焼き物という三菜の形式より一汁二菜、一吸物二肴（肴は一つ盛でも二種という意味で）の形が圧倒的に多い。次の会の取肴はその例である。

④一汁二菜に一吸物二肴という定型で、重箱は上に香の物、下の重に焼き物をいれて取り

まわしたものであろう。

興味深いのは、朱丸椀につづいて「カンナヘ（燗鍋）」があらわれる点である。このカンナヘがカンナメの誤記で、鉋目折敷と解するならば、以下に述べる仮説は有力な史料を失うことになるが、それはそれとして、ほぼこの時代には酒が食事のはじめから出るようになったのではないかと思う。一八世紀初期の予楽院の会記では、懐石の料理の記事のあとにわざわざ酒という記事があり、懐石のはじめからは酒は出されなかった。吸物と肴が出て、はじめて酒が出るのが本来の懐石である。現代では膳を運び出して、客が飲汁に手をつけているうちに酒が燗鍋でもちだされ、向付《むこうづけ》を肴に酒の一献がある。この懐石記録の「カンナヘ」を燗鍋とみることができるならば、現代のように、懐石がはじまるとすぐに酒を出す形式が、このあたりではじまったことを示すものではないか。

このことは当然、向付の性格がかわってきたことを意味している。飯と汁の向うに一菜が据えられる形式は古く、その一菜は煮物であったり鱠《なます》であったり必ずしも一定していなかったが、この時代ぐらいから、向付が鱠やさしみなどの煮物以外のものに定まってきたといえよう。

こうした傾向はその約四十年後の一九世紀初頭でもあまり変化はない。

文化元年（一八〇四）十月七日の了々斎千宗左の懐石は次のとおりである。

汁　かふら才
　　たゝき菜

染付菱皿 赤かい、大こんおろし くりセうかはり、きんかんけん　　飯

鉢　香ノ物　　取肴 あゆきやう 納豆

平皿 鯛切身、ひしき さんセうの粉

吸物 なめたけ ふきのとう

菓子すはま羊羹　後　松風、結のし

千家の懐石記録には器の記事がごく少ないのであるが、かろうじて向付の器だけは記載がある。おそらく向付の器が多様化し、注目されてきたことの反映であろう。さて内容はさして変化はない。向付は赤貝を主体として生のもの、汁は蕪《かぶ》を才（賽）の目に切ったもの。平皿はやはり汁をはるわけにいかないので、煮合せに山椒の粉をかけたとみるべきであろう。

一九世紀に入っても千家の懐石は一汁二菜が基本で三菜に及ぶことはごく稀である。文化六年（一八〇九）正月二十一日の久田宗也に乱飾の伝授をおこなった茶会の懐石では、きすの作りの向付、坪皿には牛蒡《ごぼう》の煮物に青のりをかけ、重箱には海老の魚田と香の物、取肴がごまめの煮しめと焼昆布と二種一つ盛、吸物が土筆とさき梅干という仕立てであった。珍しく三菜が出た例である。またこの献立中、吸物に「吸物椀」という注記があり、小吸物の椀が定着してきたことを思わせる。

こうした一九世紀初頭の懐石の実態を示す興味深い史料が堀内紀彦氏によって紹介された。それは河内富田林《とんだばやし》の素封家杉山家の記録中より堀内氏が発見されたもので、文化二年(一八〇五)閏八月十四日の仲村家の茶会に招かれた記録である(二〇〇一年三月十七日、茶の湯文化学会例会での堀内紀彦氏の口頭発表資料による)。まず注目されるのは懐石記事のはじまりに「会席」の文字を消して「懐石料理」と表記していることである。茶会記において懐石の文字が使用された早い例は、姫路城主酒井宗雅の茶会記『逾好《ゆこう》日記』天明七年(一七八七)二月六日の記事であるが、一般庶民の使用例としては、これが初見例ではないかと思われる。以下長文であるが懐石に関する部分を、私なりに現代語に直して引用する。

客が揃って座るのを見て挨拶に出、そのあと勝手口を締め切る。また襖《ふすま》をあけて膳を持ち出る。

汁　赤味噌

素焼猪口に焼あんへひ　間引菜

おろし大根　御飯

右の膳を持ち出して勝手口を締め切る。

引盃、銚子

右で一献ずつ注いで銚子を持ち帰る。又出て飯櫃《ひつ》を出す。帰りに正客の汁を替えるのに椀を引く。

そのままにしておいて煮物を持ち出す。

平　切身、焼くり、牛蒡

右を末席まで持ち出して、その帰りに二客の汁を替える。又正客の汁を持ち出して、三客の汁を替える。二客の汁を持ち出し、その帰りに飯櫃を持って入る。又三客の汁を持ち出す。銚子を又出し飯櫃も持ち出す。ご随意にご飯をお申付け下さって召上がられますように、と挨拶し、この間に、私共も勝手でお相伴いたします、と言う。ご用事がありましたらお呼び下さい、と挨拶して勝手口を締め切る。

この間に亭主もご飯を食べ、ゆっくり待っている。

右の膳もすんで客が話をするのを聞いて、亭主も出てご飯の挨拶をし、もう十分ですと客が言ったら飯櫃を持って入り、又出て銚子を持って入る。そのあとへ吸物を持ち出す。

吸物　すまし　神葉草

その帰りに煮物の平椀を持って入る。この吸物を客が吸うのをみはからって、

銚子

組肴　伊勢ゑひ、松たけ

右を持ち出して正客へ一盃、次にその盃を頂戴して、そのあと段々に盃事になる。末客の盃が終って、もうおあがりになりませんか、と挨拶して、この盃、組肴を一緒に持って入る。

又出て、湯次《ゆつぎ》、香物鉢を出す。その帰りに吸物椀を一緒に持って入る。勝手口を締め切る。

膳が終るのをみはからって又出て、湯次香物鉢を取り入れ、又出て正客より膳を持って入り、末席まで持って入る。


このあと炭手前の記事が続くが、これは省略する。

この史料の興味深い点は、さきにも記したように、会席の文字をわざわざ懐石と直している点である。どの時期に訂正したものか分からないが、両者とも同筆で、会記執筆よりさほど隔たらない時期と推定される。刊本として最初に「懐石」の文字を説明したと思われる『茶話真向翁』の刊行よりわずか二年後の段階で、在地の素封家茶人グループが懐石の文字を使っていたことに驚かされる。

第二に注目されることは、膳を出して一度襖をしめ、客が飯と汁に手をつけた頃合いをみて亭主が引盃と銚子をもって出ていることである。この一献のあと客は向付を食べるのであるが、完全に現代の作法と一致している。のちに又ふれるが、懐石の酒は焼き物のあとではじめて出されるのが江戸時代の通例であった。最初から酒が出される茶会の例として注目すべきである。

第三に注目されるのは吸物、八寸と盃事がはっきりと確立している点である。銚子と八寸を亭主が持ち出してまず正客に一献さし、次にその盃を頂戴しているのであるから、まず、後世でいう千鳥の盃が行なわれた、とみてよいだろう。仲村家の流儀についてははっきりしないが、特定の流儀というよりゆるやかな茶の湯であったであろうと堀内紀彦氏は論じている。広い意味での千家流としてよいのではないだろうか。家元系の茶会記でも明確さを欠き、大名茶系統の史料にも明らかでない現行作法への変更点のいくつかが、この史料によって実にはっきりと明らかにされた。今後、関係史料の総合的な研究が堀内氏によって進められると、さらにその変化の道筋が明らかになろうが、ひとまず一九世紀初頭までは現行作法がさかのぼり得ることだけ報告しておきたい。

(五) 一八三〇年代の懐石

一六五〇―六〇年頃の江岑の茶会記からはじめた千家懐石の歴史も、一世代ごとに、貞享・元禄時代の一六八〇―九〇年代、享保期の一七二〇―三〇年代へと続けてきた。さらに一八世紀の中期と一九世紀初頭の状況をみてきたが、最後に、幕末に近い天保三―五年（一八三二―三四年）の吸江斎《きゅうこうさい》千宗左の懐石を検証しておきたい。

まず天保三年十月九日の茶会記より引用する。

①天和三年十月九日（客、堀内宗完、内本積有、勝間宗珉、住山宗祐、内本宗有）

小丸椀　不角切折敷

染付菱皿 赤貝、おろし大根 ミツは、くり はりせうか　汁 蕪小才ニ 菜

坪　花海老　ひしき、ゆ
網ノ絵重箱鯛切身塩焼
香ノモノ
菓子　キントン　饅頭
吸物　ゆりね　ふきのとう
八寸　ちりめんさこ　結こんふにしめ
菊絵縁高　のし敷テ　後　松風
寒月

②天保三年十一月二日（客、長井灌雪、長井伝蔵、飛来才右衛門）
楪子　いり酒　あけ麩、岩たけ　ミつは、わさひ　豆子　梅干　汁　蕪、菜
飯
平皿　玉子ゆは、せんまい　なめたけ　楽蓋茶碗　にんしん葛煮　青海苔
外両人へ楽手付向付ニ鯛切身塩焼
こまめなます
吸物　ゆりね　ふきのとう　八寸　長芋塩煮　結こんふにしめ　香ノ物

③天保四年十月二十二日（客、宗室、釜師浄雪、楽吉左衛門）
丸椀、曲折敷
汁　大根せん　きんなん、ゆ
蛤皿　小鯛塩焼

萩鉢　飯
香ノ物なら漬茄子　吸物 ちやうろき さき梅干
坪皿 鱧切身、皮牛蒡 なめたけ　八寸 さき海老 黒まめにしめ押而
菓子御前まんちう　利惣菓子盆ニテ
後 松葉 薄氷

④天保四年十月二十八日（客、邀月庵灌雪、長井伝蔵、飾師吉右衛門）
精進家具
豆子梅干　汁 大根せん、きんなん、長芋小口 椎茸、葉付蕪
楪子 油ノセん ミつは、したし物　飯
平皿 寄くわい揚テ 牛蒡むき、氷とうふ 玉子ゆは付焼
鉢 香ノ物
吸物 なめたけ ふきのとう　取肴 ゆりの塩煮 黒豆にしめ
菓子 饅頭 青海波、山中ゟ《より》到来ニ付
口取 くり（栗）にしめ　後 松葉 薄氷

⑤天保五年三月二十六日（客、堀内宗完、上田誓斎、さし利斎、楽吉左衛門）
芳野椀、同おしき
柏皿 三はゐ酢、鯛おつくり きうり、セうかはり　汁 ふき 小豆

飯
萩鉢香ノ物
上り子
平皿薄塩鱒切身
根芋、平あらめ
アミノエ
吸もの花柚しゅんさい
取肴松露にしめ
かまほこ
朱高椀
菓子　氷井
打合盆　最中
干　結松かせ

ひとまず五会の懐石を検討してみることにしよう。玄々斎千宗室はじめ、高弟など気のおけぬ人々を招いての茶事であったとみてよい。

①は染付の皿が向付で赤貝、大根おろしのなますであろう。それに三葉、栗、針しょうが添えられた。不角切《すみきらず》の折敷に飯、汁がのり、あとより坪椀には花海老とひじきの煮物、網の絵の重箱には焼き物の鯛。以上で一汁三菜となる。さらに吸物、八寸がついた。一汁三菜の長い歴史のなかで、ようやく向付、煮物、焼き物、吸物、八寸、という現代の懐石のスタイルが定着したのは、一八三〇年前後であった。懐石のあと菓子が二種。キントンと饅頭が主菓子でこちらは器の記事がない。後菓子は菊絵の縁高にのしを敷いて二種の菓子が出てい

るが、扱いとしては前者が食後の菓子であり、後者が茶の湯（実際には薄茶）の菓子、となる。

②は懐石家具について記事はないが器からみて明らかに精進家具である。どうやら正客一人だけが入道であったらしく、精進ではものたりないあとの二人のためには、魚の焼き物とごまめなますが別誂えで楽の手付向付に用意されていた。この場合は四つ椀の形式で真中に豆子が置かれ、あとから楽の蓋物に煮物が加わった。吸物、八寸で終わって菓子の記事がない。

③は丸椀に曲折敷が用いられている。書き落しなのか、向付にあたる一品がない。坪皿は煮物とすると、蛤皿の記事は位置としては向付だが内容的には小鯛なので焼き物とみた方がよい。つまり煮物、焼き物は揃っているが向付がない。吸物、八寸は型通り。

④は②と同じ正客なのでやはり精進家具。ただし、鉢の玉子湯葉付焼の一品は、精進とはいいがたいが如何なものか。取肴とあるのは八寸と同じで、基本的には酒に対しては吸物と肴の二種が原則となっていた。菓子は青海波の器に盛った饅頭と干菓子の二種が出て、濃茶、薄茶が供されていることがはっきりわかる。

⑤は芳野椀、折敷の家具で柏皿に三杯酢の鯛のつくりなど、今日の向付の感覚と全くかわらない。ただし焼き物は省略されて平皿に鱒を用いた煮物が一品（上り子と注してあるので、平皿の料理だが上り子椀で供したという意味か）、他に網の絵の吸物椀に取肴となっている。菓子は主菓子と干菓子の二種。

それでもまだ納得できないのは、汁をたっぷりはった今日風の煮物椀がまだ献立中に明確に姿をあらわさないことである。むしろその点では、千家の懐石はいささか行きづまりにも似た保守性にとらわれていたのではないか、と思える。この時代になっても⑤のように昔風の一汁二菜の懐石も消えてはいなかった。

それはともかく、基本的には向付、煮物、焼き物の三菜が守られ、汁も初期の懐石のように魚鳥を用いることは全くなくなり、酒に対して吸物、八寸（取肴）が必ずつけられる、という現代に近い構成となってきていることがわかる。また菓子も主菓子と後菓子の二種が必ず登場し、内容も砂糖を用いたいわゆる和菓子が基本で、一九世紀中期には和菓子の伝統的技法や品目がほぼ完成していたことをうかがわせている。

ここまでに懐石が成長するには、大変長い時間が必要だったのである。一汁二菜とか三菜という数を数えるだけならば、それは千利休の時代にある程度できていたとみることはできよう。しかし、向付という言葉が登場するのは元禄前後のことであったし、さらに、煮物、焼き物という料理の内容に合致した献立が標準化するのも、ずっとのちのことであった。一八世紀の段階でもその様式が完成されていなかったことは、前にみた通りである。しかし一九世紀初期の献立では、ほぼ八割方は、そうした様式が標準化するに至った。やはり寛政期より天保期にかけての一九世紀前半に、今日の懐石様式が完成されたと結論してよい。

天保期の懐石をみてもう一つ気づくことは、吸物、八寸（取肴）の約束がほぼ完成しているし、内容も、今日のそれにはなはだ近づいている点である。初期の吸物は驚くほど実だくさんであった。しかし、一八世紀後半に、蓴菜《じゅんさい》と花柚《はなゆ》、あるいは、なめたけとふきのとう、といったように、箸洗い風に洗練されてきたことはすでにみた通りである。八寸も、今日の内容に近づいている。これも早くから片鱗はうかがえるのだが、様式として定型化するのは、さきの文化二年の杉山家記録からみて、一九世紀の初期としてよいだろう。

千家の茶会記を通観してみて、取肴を含め、肴の数は一品、多くても二品より増すことはないことがみてとれる。今日のように強肴が次々と供せられることは、天保期といえども千家の茶にはなかった。これこそ近代の新しい傾向であろう。いいかえると、茶事中の飲酒はあまり重きが置かれていなかったので、中酒といえども度を過すことは少なかっただろう。それにしても、菜、汁で料理の内容を表現する場合に、やはり汁と吸物、菜と肴はきちんと区別して数える必要がある。懐石の場合、利休以来今日に至るまで、一汁二菜ないし三菜を越えることはなく、増加しているのは肴であった。したがって肴と菜を一緒に数えてしまえば、一汁五菜、六菜といったことになるが、これは不正確である。一汁二（三）菜と一吸物何肴《こう》と数えるべきで、それも幕末までは一吸物一肴ないし二肴が基準であった。

以上、千家の茶会記のなかより歴代家元の懐石を年次別にとりあげて解説してきた。三代千宗旦の茶会にみる懐石は、初祖の利休以上にわびた内容であったといってもよい。世上では、ことに大名茶で茶の湯料理が贅沢になっていくなかで、宗旦は古格を守ったといってよいだろう。宗旦の子どもたちも、宗旦の風を守った。一汁二菜ないし三菜の数はそのまま守られていたが、弟子たちの茶会では、菜の数は同じでも内容が豊かになっていて、それが世上の風潮と通じるものであったのだろう。

一七世紀の末には懐石家具の種類も増え、茶の湯の料理としての懐石がようやく定着してきたことがわかる。一八世紀に入ると、宗匠たちの好みものの懐石家具まで制作され、あわせて懐石の文字も散見されてくる。一般の人びとのなかで、茶の湯独自の料理たる懐石（茶の湯料理）の認識が深まったといえよう。遠藤元閑の『茶湯献立指南』八巻が出版されたのが元禄九年（一六九六）であったことも、この茶の湯料理確立を考える有力な指標である。

しかし、その実態はけっして一様ではなかった。今日の懐石の常識からはあり得ない内容が、いくらでも指摘できる。最終的にその様式が今日のそれに近くなるのは、一八世紀末、一九世紀初期としておく。家元からは距離を置いた、地域社会の茶の湯グループの記録の出現が、それを証明しているのは興味深い。そして一八四〇年代の家元の懐石でも、その完成に近い姿を確認することができる。

四　茶書にみる懐石の心得

茶書には必ず懐石についての記述が数ヵ所はあるもので、古くから茶会のなかでは点前や道具の扱いとならんで懐石は重要な要素であった。千利休の懐石がわびを宗としていたことは、茶会記に残る懐石の記録からもみたが、茶書のなかにもそれを伝えるものは多い。

「宗甫公古織へ御尋書」（『古田織部茶書』第一巻、思文閣、一九七六年）と通称される古田織部の聞書は、今までは、小堀遠州が中心になって聞き取ったものであるとされてきた。しかし、聞き手は遠州ではなく浅野幸長と上田宗箇であることが明らかになってきて、ますます慶長年間の伝書として信頼できる茶書となった（熊倉功夫『『茶道長問織答抄』を読む』上田流和風堂、二〇一一年）。そのなかにこんな一節がある。

一、利休ヲ不閑《(佐久間不干)》、夜会ニ呼申され候時、
　アシツケニテ、ケツカウナル振舞候つれは、はしをもトラス機嫌あしく候つる由、

さきに『茶話指月集』のなかの逸話から、守口のわび茶人が蒲鉾を出して利休の怒りをかった話を引用したが、これも似た話である。夜会であればことに質素にすべきところ、佐久間不干が立派な膳を出したのが利休の気に入らなかったのである。利休は常々「数寄やの振

舞、あまり結構、ワロキ」とか、「数寄屋の振舞ニさい三ツより多く出候事マレ」と語り、実践してきた。これが利休第一の弟子であった古田織部の語る利休の懐石である。

利休が没して茶の湯がますます流行する江戸時代初頭にあって、茶の湯も懐石も贅沢になり、旧に復す傾向があった。一七世紀中期の金森宗和の茶会記をみると、ほとんどが二の膳つきの立派な食事であったし、常識的には食べきることができないほどの量を、懐石にも出すようになった。

寛永三年（一六二六）刊行の「草人木」（『茶道古典全集』第三巻、淡交社、一九五六年）のなかに、

一、茶湯にゆきてハ、人毎に何れの食物も残さぬ様に思ふ事あしゝ、本よりみなつくして悪きにハあらす、又、是非ミ(喰)な食飲せよにもあらす、貴賤共に亭主に成てハ、手つから肝煎たる心さしを散々にくふてハ、曲《きよく》なき事なれはとの気の付やう也、

食べられぬものまで沢山出るようになると、食べ散らかさぬように、食べないものははじめから手をつけないことが、作法として語られている。つまり、本来食べつくすべき懐石が、食べつくせないように変化してきているのである。それは『茶道四祖伝書』中の細川三斎の言葉にもみえるし、寛永十八年（一六四一）成立の奥書をもつ「細川茶湯之書」（寛文八年刊）（『茶道古典全集』第十一巻、淡交社、一九五六年）にも、

一、むかしハ、必出る物をくいきり、跡を湯にてすゝぎ、何ものこさずくいきり、きれゐにしたり、今も其分よし、乍去《さりながら》残りても不苦、さもあらハ、くいさがすよりハ、初よりはしをかけぬもよし、

と、食べきることを前提として箸をつけずに食べ残すことを許している。当然、こうした傾向に対する批判もあった。一七世紀末の成立であるが小堀遠州の事跡を記した「当流聞書口伝」(『続石井至穀著作集』世田谷区立郷土資料館、一九九二年)には、遠州が三代将軍徳川家光の茶会を手伝っていて、料理を少なめに盛った、という逸話が記されている。

家光様御茶湯ノ時に、小堀遠州へ御勝手詰被仰付候節、鱠ノ盛形其外何も盛形ヲ常より成程小盛ニ被致候へば、其時に永井信州被見不審有し也、公方様ノ御茶湯に是余り少分ナル盛形と笑われける時、遠州、大盛なる時ハ御囲へ入候衆中迷惑なるへし、何も面桶を懐中あれはあまりを入られ候事也、不苦候と信州被申候得は、遠州、其面桶持参之事ハ悪敷風義にて見苦敷事也、面桶も不入様ニ小盛にいたしたるかよきと被申候、尤なる事なり

永井信州は家光側近の老中永井信濃守尚政。当時、大名の茶会では残飯を持ちかえるため

の面桶の弁当箱を持参する習いがあったことがわかる。こうした傾向を遠州は否定したのである。

懐石が利休によって方向づけられたとはいえ、そもその前提として日本の宴会の伝統があり、本膳料理のスタイルがあったから、初期にあってはさまざまの様相を呈し、またわびの懐石に対する反動もあって、流動的であった。

一七世紀末の元禄時代は、さきにみたように懐石の形が整ってきた段階であった。茶書のなかにも懐石の記事が一段と充実した時代であったといえよう。小堀遠州の孫弟子となる桜山一有（一六四五―一七二八）は、さきの「当流聞書口伝」の筆者ともされるが、その一有が古田織部の伝書を整理したのが「古田織部正殿聞書」十巻（『古田織部茶書』第一巻、思文閣、一九七六年）である。同書の成立はやはり元禄時代かと推定されるが、他にはみられぬほど詳しい懐石についての記述があり、次にこれを中心に、一七世紀末、一八世紀初期の懐石の心得を検討していくことにしよう。

懐石の道具

「古田織部正殿聞書」という書名ではあるが、実際に織部の伝承がどこまで含まれているかわからない。むしろ元禄時代の大名茶系統の茶湯書の一つとして読んでおくのがよいだろう。この聞書の巻七は、

一、会席之事、家具之分何モ新キヲ可出。

という一条からはじまる。懐石家具の新しいものをそのつど用意するなどという贅沢は、わび茶ではあり得ぬことであろう。幕府が奢侈禁止令で白木の膳を禁じたので、前田家でも殿様に塗りの膳で食事を出したが、前田利常は気味悪く思った、という逸話が前田家に残る。一度使いで捨てる白木の膳は、大名にとって、今日の割り箸のようなものであった。誰が使ったかわからぬ塗り箸の気持悪さからいえば、大名、貴人へ出す膳は「どれも新しいもの」である必要があった。

一、木具ニハ白箸之角箸吉、丸箸ハ嫌也。

と、箸は当然のことながら白木の箸であるが、杉箸ではなく檜の角箸。一般の懐石に用いる箸は今と同じく杉箸とされる。引菜には「杉之雑箸」とある。これはざっと削った箸のことと記されている。利休の時代には箸削りの役を主人がしたり、茶人の家には上手に箸を削る家来がいたものである。

一、盃ハ朱モ不苦、古織被出候、蒔絵有ハ不好候ヘトモ可出、不苦。

一、蒔絵之家具之類惣《スベ》テ不出也。

一、塗平皿、冬膾ヲ温盛テ蓋ヲシテ出ス事有之。

塗りものについては黒か朱が基本で、蒔絵《まきえ》のものはわび茶にふさわしくないとしているが、盃だけは別。華美な器は近代の産物である。平椀には、温め鱠《なます》を出すこともある、という。温め鱠は鯉、鮒を使い、酢で和《あ》えた魚を鍋で温めた料理である。『江戸料理集』（延宝二年〈一六七四〉刊）に登場している。本書にもあるように冬の料理であった。

陶磁器に関しては、

一、膾皿ハ高麗吉、染付ハゴス(呉須)ノ古《フルキ》ハ吉、新キハ不可出候、様子能ハ一過ハ可出、錦手之皿出シ、惣テ皿無地ヲ好ニハ非ス、可心得。

とあり、東洋陶磁の最盛期らしく、懐石道具としてさまざまの焼き物が登場している様子がうかがえる。これに加えてビイドロの鉢、猪口、七宝の鉢などの新顔もあらわれる。本書にはみえないが和物の焼き物がこれに加わる。ただし前代と違って「金ニ彩シ候テハ必不可出也」とあるように、金銀彩色の土器は全く使われなくなった。向付として今日珍重される猪口、皿類は五客ないし十客揃えばさらに貴重だが、すでに当時から五客揃わぬものも少なからず、「皿、猪口ナトハ縦ハ客五人有ニ、形替リタルヲ五色ニ、別々ニ替テ出ス事モ有ル」と別々の器を取り合せる、いわゆる「寄せ向《むこう》」のアイディアがあらわれている。

このような器物への関心の深さは、利休の時代にくらべて著しい発展といわなければならない。さきに仙叟宗室の茶会記を引用した際、懐石道具の記載が詳しいことに触れた。天和元年（一六八一）の藤村庸軒の茶会記「反古庵茶之湯留書」（『庸軒の茶』河原書店、一九九八年）にも、

口のある今焼のもの二杉蓋、青竹のつまみ付て、蓋の上に塩山椒

というように趣向をこらした器物の工夫があらわれる。おそらく懐石道具の多様化が、鑑賞の深化とあいまってこうした記載を生じてきたにちがいない。懐石道具の評価が大きな飛躍をとげるのは近代のことであるが、その前提は元禄前後に萌していた。

懐石を出す

味の濃さ薄さ、材料の重さ軽さといったバランスのよさが、懐石を用意する亭主に求められた。仙叟宗室が金沢の弟子大平源右衛門に語ったという「茶湯ハ湯合《ゆあい》、料理ハ塩梅」（『茶之湯道聞書』）の言葉は、けだし茶の湯の名言というべきである。

金森宗和の流れをひく伝書には季節の心得を次のように記している（「十三冊本宗和流茶湯伝書」『金森宗和茶書』思文閣、一九九七年）。

一、料理心得の事、その時節〳〵を可レ考事、第一なり。当季の物はやき、珍敷可レ用、時分過は可レ考也、縦《たとえ》は干わらひ等は風味能物なれは、いつとても出し度物なれとも、生わらひ出来候時分、出しかたく候。但、可レ出においては、生わらひを料理の内へ加へて、其上にひねわらひを可レ出也、ケ《(か)》様の心持万事に可二心得一也。

とある。江戸時代の茶会記を読んでいつも不審に思えるのは、意外に季節感に無関心であることで、道具の取合せでも、花でも、懐石でも、季節はずれのものが自由に使われている。かえって季節に非常に敏感になるのは一八世紀半ば以降ではないかと思える。元禄時代から右のような懐石の季節感が働きだしたのであろう。同時期の遠藤元閑著『茶湯献立指南』（元禄九年〈一六九六〉刊）にも「時節の相たる魚鳥を遣べし、又草木の類も、時ならざる物ハ遠慮可有也」とあり、季節にあわせた献立を示している。ただ、宗和の伝書では、干わらびのような一年中使いたいものをどう扱うか、という工夫で、単に旬《しゅん》のものを使えという心得ではないところが、どこかわびに通じるのであろう。

同じ魚を使っても、わびの心の生きた料理があるという。

一、料理にも、鯉、うなきなとに同頭《おなじかしら》、又ハ、も《(肝カ)》なと出すハ同し魚二所につかふに依て、けつく軽きに成も侘たる体、おもしろき也。

さきの茶会記のなかにも鯛や鴨など一種の材料を、汁や焼き物の二種に使い分ける例があったが、わび茶からいえば贅沢な魚鳥も、一つを何種かの料理の材料に使うことで「わびたる体」が演出できるとしている。

さて「古田織部正殿聞書」に戻ろう。魚鳥について一節をもうけ、「魚鳥不出類」として懐石での禁止事項をあげている。まず、

一、鯨同塩鯨モ惣テ汁ニ嫌也。但、蕪骨、内之物ハ出候、是モアヘモノ抔《ナド》ニシテ出也。

とある。しかし『松屋会記』などで鯨汁が出た例はあって、許す茶人もいたのだろう。

一、土釘《トチヨウ》汁、ハマチ、青鯖、鱶《フカ》、鯎《ウクイ》、ツノジマクロ、此外下魚之類不可出也。

さきの鯨も含めて匂いの強いものが避けられたのであろう。その意味で獣肉も出さない、としているが、不思議なのは「但、免獺《カワウソ》、吸物ニハ可出、汁ハ不出」とみえることである。料理書にもかわうそ食用はみえるが、茶会記にも記録が残る。正保三年（一六四六）十月六日の毛利甲斐守の茶会で「汁かわうそ」とある（「申《サル》ノ茶湯ニ逢申候覚」『江岑宗左茶書』）。ただし吸物ではなく汁なのが、織部の伝書と矛盾している。

匂いの点では野菜も同じである。

一、蒜《ニンニク》不出。但、鱠ナトノ置合ニハ出事有、客ハ必喰間敷也。殊置テ不苦。是モ茶ニハ指合事無之故出ス也。葱《ネブカ》ハ汁ノ子ナト煮テハ出ス也。
一、蘭葱《アサツキ》鱠之子ニモ酢味噌ナトニテモ可出也。
一、薤《ニラ》ハシメヨリ終迄不出候、野蒜《ヒル》出候。

蒜にはニンニクと仮名書きがあって、ヒルではない。にんにくを吸口やツマにする例は料理書に多く、江戸時代でもよく用いられた。にらは使わないとあるが、江岑宗左の茶会記にはにらの汁が出ている。これも茶人によるのだろう。

匂いの点でやはり今では考えられないものに納豆汁がある。

一、納豆汁出ル、薯蕷汁《ジョウヨジル》出ル、冷汁夏冬抔《バカリ》。

とあって、茶会に納豆汁が使われた。古くは一六世紀の博多商人、神屋宗湛の茶会記の百九十一回の献立中、納豆汁が四回出ている（秋山照子「『神屋宗湛日記献立』にみる茶会席」『茶道学大系・第四巻　懐石と菓子』）。どの時代にも平均的にあらわれるが、これが糸引納豆か大徳寺納豆のような塩干納豆（寺納豆）か議論のわかれるところである。しかし近世の料理書にみえる納豆汁はすべて糸引納豆を用いていて、塩干納豆はあらわれない。従って、懐石の納豆汁だけを塩干納豆と解するのは不自然。匂いの問題は残るとしても糸引納豆汁と考えてよいだろう。その他、和物、塩干等、料理の心得がいろいろあるが省略する。

次に注意されるのは膳組みの仕方、料理の出し方である。

一、膳ニ菜付ル事。煮物ヲ一ツ付出ス。夏ハ鱠抔一ツ付テ出テ吉。但夏冬トモニ朝ハ煮物、晩ハ鱠ヲ付テ出ス。又夏ハ朝煮物、冬ハ朝晩トモニ煮物ヲ付テ出スモ吉。朝晩トモ夏ハ鱠モ不苦。但煮物ヲ朝ハ付テ出テ吉。何ニテモ菜二ツ付テ出候事無之義也。

この一条で多くのことが解決した。つまり、これが膳を最初に運び出す時の、膳の組み方の原則なのである。茶道成立期の膳の組み方は、基本的には本膳料理の本膳と同じように、飯、汁を手前に置き、向うに二菜（平、椀）、さらに中央に猪口のような中置きをする形式で、中置きが省略されても四つの椀を組んで運び出すのが原則だった。ところが現在の懐石では、手前に飯、汁は同じだが、向うには向付一品を付けて出す（向付の語の意味はここからくる）。いつのころから向うに二品おかず、鱠、さしみといった向付一品にかわっていったのかが、懐石史の一つの問題点であった。

そこでこの史料をみると、膳には煮物一つを付けて出すのが基本であるという。また夏は鱠一種でもよいという。煮物であれ、鱠であれ、今でいう向付の位置に一品置いて膳を組むことが、はっきりとみえてきた。そのあとの文章はいささか混乱しているが、冬の朝会で鱠を出さないだけで、あとはどのようにしてもよい、ということである。結論は、膳に二菜はじめから組んで出すことはない、としている。

筒井紘一氏もこの史料に注目され、織部の茶会記を検証しているが、その結果、織部といえども、「膳の向こうに二菜盛られる会もたびたびみられる」と、実態としては織部の言であることは実証できないことを明らかにしている（筒井紘一「懐石料理の歴史」前掲）。いいかえれば、織部の活躍した一七世紀初頭の懐石では明確ではないが、約百年後の元禄年間には、これを定型とする流儀もあった。しかし、これが一般化するのは、一八世紀前半としてよいであろう。

膳が出ると次に銘々に出す菜、取りまわす引菜、その間に飯汁の替え、と亭主の仕事は多い。そのタイミングに合せて、いかに出来たての料理を出すかが亭主の苦労であった。

さきに引用した金森宗和の伝書には次のようにある。

一、常の料理も、段々出申物、品々遅速なく、拍子ぬけざる様にいたす物成に、猶更、茶湯にハ勝手の戸を明候ハヾ、通ふ人も不ㇾ多、二人程にして膳を出し、

とあり、このあと、出し方、器の引き方等が無駄なくすすむ方法が示されている。要は「せはしからさる様に、能《よく》時分ミはらひ」、進退することが、懐石における亭主の心得であった。当然、勝手もそれに合せて準備万端整っていなければならない。次も宗和の伝書の言葉で

ある。

一、料理の心得は、炭いたす時、飯をたき、汁を煮懸候へハ宜きものゝ由候へ共、飯も少前広にして不出来に候へハ、仕替候か。又、二釜一度にしかけ、其内宜きを用候にいたし候か。又汁も汁に依て、炭可レ致少前かたにても、客待合へ揃被レ申と、一時に汁を懸させ中程に相心得、飯は、猶其前かた程にたか《(炊)》せ置不レ申候へハ、炭仕廻、追付料理出し候事、難レ成、拍子ぬける也、とかく其日の様子に可随事、勿論也。

長文の引用になってしまったが、懐石を出すころあいと、炊飯、料理にかかるタイミングのむずかしさである。とはいえ、勝手は「人ハナキカト」客が思うほど静かでなければいけない。客が席入りしてから炭手前があるので、その間をはかって飯を火にかけ汁を用意するわけで、時によってはその火の具合いを失敗することがあった。そこでタイミングをずらして二釜しかけておき、失敗があっても困らぬように、かわりの飯の用意をしておくことがあったという。現代に通じる心得である。

小堀遠州がその苦心をした逸話が『茶湯献立指南』にある。読みもの風に面白く仕立てられた話であろう。小堀遠州が水戸公を迎えた時、勝手の長囲炉裏に五つの汁を用意した。鶴の汁、あつめ汁、鯉の汁、雁の汁、さく〳〵の汁の五種である。その塩梅をみて、実際には雁の汁とあつめ汁を出した。およそ、貴人高位の人を迎える時は、無駄になる汁を二つや三つつくるのが、上をたっとぶ心である。五種のうちよく出来た汁を出すのがよい。その外の料理も同じことである、と述べている。それほどでなくとも、懐石は亭主自らつくり運ぶことに特質がある以上、どうしても順序とタイミングが大切な心得になるわけである。

客の作法

客も亭主の心配りを無にせぬよう、配膳のタイミングを乱さぬように気をつけなければいけない。

一、再進之汁替様《かえよう》之事。通《かよい》食次ヲ盆ニ居出テ、其盆ニテ則汁ヲカユル也。此故ニ上客兼テ其心得可有事肝要也。無油断、汁ヲ実不ㇾ残ㇾ喰、汁ヲモ吸ホシテ、通汁替ニ来ル時、無滞可出也、

はじめに出た汁は、すぐに再進（おかわり）がくるので、それまでにきれいに汁も吸い実も食べ終っていないといけない。通《かよ》いの者から「汁替えを」といわれたら即座に空の汁椀が出せるようにその心得が必要であるという。こうした主客の呼吸がぴたりと合うと、滞りなく、正客の汁椀を勝手に引くのと次の料理を運ぶのとが進行して、何一つ無駄な出入りがなくなるのである。

汁について関連する心得を引用しよう。

今日の懐石でも向付から手を付けてはいけないが、飯か汁かどちらから手を付けるかは、流儀によって異なるようである。それぞれ理屈があるが、藤村庸軒の「己巳聞書」（前掲『庸軒の茶』）では、

一、通例、初に汁へ箸つけ候事、大き成《なる》ひか事なり、

と明快に汁から手を付けるのを否定している。従って飯から箸をつけ、汁を吸い、飯に戻り、汁の実を食べる、という進行になるのだろう。そうして最初の汁はきれいに終えておいて再進を待つ。汁替えは再進までで、二度目の汁替えは断るのが通常である。しかし織部の伝書では、

一、汁ハ初メ膳ニ付出候ト再進・二度以上、三度替事本式也。客食（史料中の食は飯の意――引用者）ナト残テ食可払ト思ニハ重テ汁ニテ吉。

とあり、三度まで汁替えするのが正しい、としているのは如何なものか。ヨーロッパの宣教師の観察のなかに、日本人は汁なしには飯が食べられない、というのは誤りではない。汁さえあれば残った飯を腹中に納めることが可能であった。だから汁替えには寛容だったのである。ただし、宗和の伝書では「食のさいしん、汁のさいしん、一度より多ハいかゝ」とあっ

て、現在の作法と同様の指示をしており、むしろ織部の伝書の方が特異例であったかもしれない。

さきに引用したなかに、汁の再進の前に、油断なく汁をのみ終えておく、という心得があった。その文章に続いて、実が食べられない場合のことを詳しく記していたが、長文にすぎるので省略した。つまり、どうしても食べられない実が汁に入っていたらどうするか、という疑問である。

食べられないものが出た場合の心得は、汁の実ばかりでなく、料理全体にかかわることで、どの茶書も触れている。織部の伝書では、嫌いなものがあったら、手をつけずに器のまま勝手に戻るようにしてよい、という（「殊外嫌モノハ不喰、戻候事」）。また隣りの客が助けるのも心得であった。

一、会席之菜何ニテモ嫌モノ有ハ初中後手ヲ不付置也。但、嫌テ不喰時ハ相客ヨリ、不レ参者《マイラザレバ》給可申《タベモウスベシ》ト云、乞テ可喰也。膾抔ハ皿ヲ替置候テ由(吉)。

隣りの相客が気をきかせて、食べないなら頂きましょうか、といって食べる。鱠のような汁のあるものは、皿ごと取替る、という。それはともかく、食べられないものは器に残して戻してよいのであって、無理に懐中へしまうことは必要がない、と各茶書は説いている。「是ヲ包テ懐中抔へ仕儀無之儀也」（織部）、宗和も「惣て何にても懐中必無用也」と禁じている。実際に汁気の多い料理を懐中することはむずかしかったであろう。好き嫌いではなく食べにくいものもある。

織部伝書には「骨ナトカ、鳥ノ足ハ取候テモ難喰モノ故、是ハ残置候歟」とある。足の骨など食べる方法がない。基本的には「悪敷モノハ勝手ヨリ不出也」というのが原則とはいえ、歯の弱い老人には、骨のこわい魚は気をつけねばならない（「骨高成老人ナトへハ吟味可有キナリ」）。どうしても残さざるを得ぬ骨の類も、懐中するのはよくないとされ、器のなかに残すよう記している。

しかし懐石は残さず食べるのが約束であるから、魚の骨の問題は今でもあって、鯛の姿を崩さずになかの骨をきれいに抜く方法がある。当時もいろいろ工夫があって、『槐記』に汁の鮒を骨なしに使った話がある（享保十六年三月七日）。

鮒ノ子アル処ヲ、真四角ニ切テ、汁ニシタル程ニ、骨モ大ニシテ喰好シ、先ヅハ子バカリニテ骨ナシ、見タル処モ奇麗ナリ、錦小路ノ宅ヲ借リテシタル時ノコトナリ、右京モ感ジタリ、大ヒナル馳走ナリ、客一人ニ大ナル鮒一疋ヅ、ノ積リナリトテ、笑ヒタリ。

鮒の子持ちは子籠《こごも》り鮒といって御馳走であった。子の入った腹のところだけを四角に切って汁の実にしたので、小骨がなくて結構であったという。ただそのためには客の人数分だけ大きな子籠り鮒を用意しなければならぬのは大変だ、と笑った、という。懐石とはいいながら、その実、かなり贅沢な料理となっていたことが、こんなエピソードからもうかがえよう。

客のなかの末客に当る「お詰《つめ》」の役割も今とかわらない点が多い。ことに引菜の場合、上客が取り残したりするとすべて末客のもとへ回ってくる。これを残してはいけない、という。

上客ヨリ取テ廻シ候ニ、何ニテモ仕舞之者取残置事不レ可レ有レ之、骨ナトカ鳥ノ足ハ取候テモ難喰モノ故、是ハ残置候歟、

骨や足以外はお詰たるもの腹中に納めるのが約束であった。

さて、酒のことはあとで触れるとして、最後の湯桶などしまいの作法について該当史料をあげよう。現代のように香の物が湯桶と一緒に出ることは元禄時代にないことで、香の物はすでに焼き物と共に出ることが多かった。

一、食之湯出様之事。ねり湯ニハコガシ無之モ不苦、湯之子入スクヒ物ヲ添、蓋ヲシテ通持出、上客之前ニ置、蓋ハ取テ帰也。

練り湯は飯のおこげに湯をさしたおこげ湯とか、煎った米（こがし）をいれて煮た湯であ

るから、あらためてこがしを添える必要はなかった。現代の作法と違うのは湯桶の蓋《ふた》を通《かよ》いの者がもって帰ることで、懐石中の飯器の蓋も同じであった。客の間を取りまわして末客が預かるということはなかった。

練り湯ではなくただの湯にこがしを添えてだす場合もあったようだ。

湯次ヲ通盆ニ居テコガシヲ添持出、湯ヲ客ニ渡、コカシ入ハ通取テ膳之脇ニモ向ニモ置也。

とある。現代では客がそれぞれ湯を自分で椀に注ぐが、通いの者が注いで廻ることもあり、その時はこがしだけを取りまわした。また通いがする場合は湯が残っても末客に関係ないが、客が湯を自分で注ぐ場合は、他の菜の時と同様、末客は湯を残さず全部飲まなければいけない（「自身次廻候時ハ仕舞之者不レ残次テ可レ呑」）。ということは、正客より末客まで、互いの食べる量やタイミングに気を配りながら食べる必要があり、ここに懐石の一つの要点がある。

湯を注いだあとの仕末について、現今のように湯で椀を清めるような作法が禁じられているのが意外である。宗和の伝書は、好まざる事として、

一、湯をうけ、汁椀などへ掃除する事

をあげている。まして「酒にて皿を掃除する事」もよくないことであった。湯で清める作法は禅宗よりきたものと考えられるので、宗和のような大名茶の場合は特異な作法なのか、さらに史料を探してみる必要がある。

箸を膳のなかに落して、勝手にいる亭主に懐石の終ったことを知らせる作法も、明確には登場しない。ただ宗和の伝書に、

一、膳返時、箸、脇にかけす、内へ置へし、

とあり、「細川茶湯之書」には、

一、はしに物のつかぬ様に、きれゐに湯にてすゝき、さて能ねぶりて、折敷のふちより下へおろし、直に置也

とあり、いずれも折敷の縁からなかに置くとしている。

酒と菓子

近衛予楽院の茶会記をみても、献立の途中に酒が出て、あわせて肴、吸物の記事がある。

いわゆる食事中の酒である中酒といえども、懐石の半ば過ぎに出るので、はじめから酒が出る現今のスタイルとは違う、と考えてきた。藤村庸軒の伝書でも、汁替えがあり飯器が出たあとに酒を出し、「次焼物ニても出す時ハ、初献ノ次ニ出すへし」と焼き物の前に酒を出す、としている。「細川茶湯之書」では、引菜のあと酒を出し肴を出すとする。千家流の作法を記す『不白筆記』(江戸千家茶の湯研究会、一九七九年)は、汁、飯の替えのあと中酒を出しており、注記して「三菜ノ時ハ引物、此跡ニテ出スナリ」とやはり引菜のあとに酒と定めている。

ところが「古田織部正殿聞書」だけが、現今と同じように、最初から酒を出している。

一、酒出候時分之事。食ヲ不喰内ニ中酒ニ可出、亭主必酌ヲ仕事本式也。盃ハモノ、蓋ニシテ出テ是ニテ酒ヲ呑事本式ナリ。

飯を食べる前に酒を出す、というのは、まず酒から懐石がはじまるということか。盃はあらためて勝手から持ち出さず、いずれかの椀の蓋に転用しておいて主人が自ら酌をするのが本式であった。

近世の茶書ではさきに述べたように懐石の半ばで中酒を出すのが一般で、この織部の伝書が記すところは、特殊な例としてよいだろう。しかし現今の、飯汁に手をつけるとすぐに朱盃と銚子をもって亭主があらわれる作法の源流がこのあたりにあった可能性は残る。

織部の伝書は概して酒に対して寛容であった。客に上戸がいれば、それを考えて酒を出すし、「酒幾色モ出ス事モ可有之」で、その酒の種類にあわせて陶磁器の徳利はもちろん、「ヒイトロ徳利抔ニモ出ス、不苦也」とある。量も、一般は三返までだが、上戸であれば五返、七返と盃が巡った。あわせて肴も五種、七種出すのも許され、小間の座敷での謡や舞などの芸能こそ禁じられたものの、亭主も席に出て必ず飲むことになっていた。亭主が飲んで客へも酒をさすこともある、としている。

亭主呑テ客ヘモ指事有之、惣《ソウジ》テ重《カサネ》テ迄ハ遠事成ト余波ヲ惜ム心得吉。

しかしこれは千鳥の盃ではない。基本的には亭主は酌をするけれど巡盃のかたちで客の間を盃が巡り、最後は正客が飲み納めて終った。それは庸軒の伝書でも同様であった。

菓子について「古田織部正殿聞書」は非常に詳しい。本書の成立を元禄時代と考えると、ちょうど元禄六年（一六九三）に刊行された『男重宝記』に二百種をこえる菓子銘が列挙され、茶の湯や菓子が男性の教養と考えられていたことと、通じるものがある。

一、アン餅　口切之時分ヨリ二月迄。
一、白糸　二月ヨリ三月末迄。
一、橡《トチ》餅　極月ヨリ正月中迄。

一、粽《チマキ》　四月十日比《コロ》ヨリ六月中迄、粽、又ハ団子ノ類ハ汁飴ヲ掛テモ出ス也。

一、葛団子　夏。夏焼餅抔。蜜柑。但、蜜柑ハ惣テ茶菓子ニ不出候、香之深キ故、茶ニ障ル故嫌也。

というように、栗ノ粉餅、焼栗、ヤウカン、餝頭、蕨餅《ワラビモチ》、椿餅、ソハカキ、ヨモキ餅、柿餅、ウイロウ餅、コンカン、ベツカン、氷餅、粟団子、キヒ団子、小豆餅、トウボシ餅、芥子餅（不出）、キントン（不出）、アコヤ（不出）、アンヒン（不出）、センヘイ等、茶に出す菓子、出さぬ菓子（なぜきんとんやあこや餅を出さないのか不明）をあげている。

次に木菓子が取りあげられている。たとえば、コネリとしてよく茶会記に出る熟柿について、

一、熟柿・釣柿、客柿之喰様、皮トモ可喰也。蔕ト核ハ紙ニ包可出也。

とあり、さぞ食べにくいであろうと思われるが、特別の注意はない。

近世の茶会での菓子は、単に菓子と表したり、口取とも表記する懐石についた菓子と、点茶の間に食べる茶菓子あるいは後菓子の二種がある。これはすでに筒井紘一氏が明快に論じたところである。この菓子の伝統のなかには甘みのものだけではなく、煮しめとか干物のような塩味のものとが組み合されて出されるのが基本であった。その塩味系統の菓子について

織部の伝書に記載がある。

一、小栄螺《サザエ》、小刀ミヲ切捨、不切其儘坪煎ニ敷鰹ヲモセス、殻ヲトモ蓋ヲシテ出ス。殻ヲ取捨《トリステ》身斗《バカリ》モ可出。

サザエが茶会の菓子として登場するのは元禄期でも珍しいことではない。その出し方としては、身を切らずに(切捨というのは、腸を切り捨ての意か)壺焼きで殻ごと出すか、身だけを出すか、いずれかであった。近衛予楽院の茶会記にはサザエの他に木葉カレイや串貝など、肴にでもなりそうなものが菓子として出された。

こうした魚貝類の菓子も正式の茶会には出してはならず、興津鯛だけが許されたという。また茶菓子だけを出そうとすれば、魚貝類に南蛮菓子を添えて五種ほど、数多く出すのがよい、ともいっている。やはり大名茶の茶風が、千家流ではみられない菓子の扱いとなってあらわれるのだろう。

そもそも菓子を供する場所がわび茶とは違う。

一、茶過候テ後、菓子ヲ出候ヘトモ数寄屋ヘハ出ス事無之義也。鎖之間《くさりのま》、書院抔ヘ客出候時、是ヘ出ス。入物ハ重箱又ハ一ツニ出ス也。夏冬ニ入物替心得不可有(以下略)

とあって、菓子を数寄屋（小間の茶室）で出してはならず、鎖の間とか書院といった広間で出す、と述べている。鎖の間は古田織部が創作し、弟子の小堀遠州の茶会では、ほとんどの会で使用されているように、大名系の茶室には必ず付された部屋である。狭い茶室（四畳半以下）で懐石まで済ませると、中立《なかだち》を兼ねて隣りに設けられた鎖の間に移る。鎖の間は上段の間が付置され、常時、鎖で釜がつるしてある控の間的な要素をもっており、いわばくつろぎの空間であった。ここで菓子を出すべきである、と織部の伝書は主張している。しかし、大名系の茶風がすたれていくなかで鎖の間のこうした作法も消えていった。したがって織部の伝書でも、一方では直に菓子を出す作法を記しており、いささか混乱している。

一、茶菓子出ス時分之事。膳ヲ取テ無程《ホドナク》可出也。本式ニハ三色出ス。貴人ハ木具之縁高《ふちだか》、（中略）御相伴ヘハ黒塗縁高ニスヘシ。惣テ縁高ハ黒塗本也。（中略）中ヘソキ楊枝一本宛添テ一人宛ヘ銘々ニ出ス也。

この方式が、元禄時代でも一般的な作法であったろう。

懐石を出さずに菓子だけの茶も盛んにおこなわれた。ことにわび茶人は菓子の茶を日常とし、その時は、すゝり団子とか水繊、麵類など、腹の足しになるものが菓子になった。織部伝書は懐石なしの菓子の茶に批判的であったのか、「近代は茶菓子ばかりで茶会をすることはない」と断言しているのが印象的である。

最後に菓子なしの茶会の約束のことを紹介しておこう。初期の茶会では菓子を出さないことがときどきみられた。その時は、菓子の楊枝をはじめから膳につけておくのだという。

一、膳ニ楊枝打テ出ス事、利休之時代有之儀也。箸之下ニ。膳之縁ハ不時《ふじ》、置候。今不可有之。若《モシ》膳ニ楊枝置出候ハ、茶菓子不出ト心得テ、客中立手水ニ早ク可出也。

この約束は利休の時代にあって、箸の下に楊枝を置くのが普通だが、不時の会（約束のない茶会）では膳の縁に楊枝をかけて置く。だから楊枝がはじめから膳についていたら、今日は菓子がない、と気づいて懐石が終ったらさっささと中立をせよ、という。ここで納得できないのは、「今不可有之」と、元禄時代にはもう絶えた作法のように記していることである。

実はこの作法があることを知ってはじめて理解できる懐石が、江戸時代後期の了々斎の茶会にあった（『不審庵会記』）。

（文化三年、一八〇六）十二月十七日夜、

料理　膳ニ楊枝付テ

柚ミそ皿　柚味噌　汁　赤ミそ、かふら芽切込　とうからし

めし

菜盛　かも、セリ、岩たけ　玉子とち、わりさんせう

吸物　のり　さき梅干
取肴　干海老　ふきのとうにしめ

菓子なし
後せんへい

正に、「菓子なし」であればこそ、「膳ニ楊枝付テ」なのである。こうして、利休時代の作法は、千家の茶法のなかに生きつづけていたのである。

井伊直弼の幻の懐石

「古田織部正殿聞書」を軸に、元禄時代の懐石の心得をみてきた。懐石の語が、特殊な茶書とはいえ『南方録』にはじめて登場するのも元禄時代であるし、さきの千家流の懐石のなかでも元禄時代に一つの画期があったことが明らかにできた。おそらく茶の湯の遊芸化と、それを支える都市文化の興隆が背景にあって、懐石という茶の湯料理の自立をうながしたとみてよいだろう。

さらに一九世紀初頭における懐石の定型化は、地方を新しい荷い手とする遊芸の深化が前提となっている。今日の懐石の型もこの時代にほぼ完成に近づき、懐石の文字も用いられるに至った。

幕末の井伊直弼の茶は、こうした時代のあとに登場した。直弼の「茶湯一会集」(『茶道古典全集』第十巻、淡交社、一九六一年)について多言は要さないが、幕末茶の湯が到達した金字塔といってよいだろう。「茶湯一会集」の成立はまだ確定的にはいい得ないが、清書本の完成は、ほぼ安政四年（一八五七）六月から八月までの間であると推定されている。したがって「茶湯一会集」にみえる懐石作法には、とくに目立って特徴的なことはなく、だいたい一九世紀前半に行なわれていた方式を整えたものとして、大きな誤りはないだろう。

しかし井伊直弼は大老という激職にありながら、当時の懐石の思想をさらに一歩進めた「真懐石（真式懐石とも記す）」という独自の懐石を考案し、自らの流儀で実践しようとしたのである。真懐石の真とは、書道でいう真・行・草の真である。つまり楷書体のことで、最も正統なる型が真である。これをくずすと行書体となり、徹底してくずせば草書体、すなわち常の姿となる。真懐石は常の懐石と対比される。

真トハ、常ノ懐石ハ草ノ格ナレハ、夫ニ対シテ真ト云（「真懐石」）

と直弼は記していて、「茶湯一会集」などに記している一般の茶会の懐石は、「常ノ懐石」であった。常の懐石を草体として認め、その基礎として真懐石を考案したわけであるが、真懐石とは何かをみる前に、懐石全般にわたる直弼の主張をみておこう。

井伊直弼は「茶の湯道しるへ、懐石弁」（彦根城博物館蔵）という、五七調の道歌のスタイルで茶会の一部始終を書いた草稿本を残している。おびただしい書込、抹消のあとから、その推敲に苦心した様子がうかがえる稿本である。後半に「懐石弁」という部分があり、直弼の懐石に対する見方が記されているので、長文だが全文を引用する（『史料井伊直弼の茶の湯』上、彦根城博物館、二〇〇二年）。

そも懐石と、いふ文字ハ、茶道ニおもき、となへにて、もと是禅林、薬石や、点心なとゝ、中也、今世の中に、温石と、いふものありて、腹腰を、あたため病、治すことく、此懐石も、同しこと、只空腹の、しのきまて、栄曜をはなれ、一飯に、あたゝまるへき、事そかし、温石薬石、同意なり、点心もまた、麁食ニて、こゝろを点する、までの事、誠ニ殊勝の、ことなれは、茶道に於て、饗応の、料理献立、書時ハ、石をいたくと、打つけに、したゝめたるか、本意也、しかるにいつか、会席の、文字をかくのハ、一会を、茶会交会なとゝいふ、是か限らて、料理をも、会席の字に、相当と、さかしら茶人、なま合点、ちかき教ハ、さし置て、遠きに迷ふ、あはれさよ、夫より追々、献立も、筋ちかひとハ、なりにけり、たゝ珍物や、崩しもの、客かあやふむ、料理出し、尋ねラル、か、自慢ニて、又その上に、工風なし、給(食)へられぬほと、沢山に、出せハ懐中、弁当の、骨入のとて、もち行て、取りこみつゝも、持帰る、あるひハ酒宴の、あとなとに、懐石なりと、水ノやう、スンタ吸物、ちよほ〳〵と、何の味なき、もの少し、気のきいたよひ、料理そと、思ふハ扨《さて》も、あさましき、沙汰のかきりと、いひつへし、実の懐石、趣向ニハ、珍物名物、好ミなく、山国に山、海国に、海のものもて、饗応し、もつさり素人、料理ニて、田舎めきたる、浅からぬ、亭主のなさけ、こゝろさし、きたなからぬか、第一ニ、手際よかろふ、事ハなし、さてまた給へ切、仕廻ふ事、むりなるやうて、しよき也、余慶出セハこそ、あまるなれ、大食小食、のそきてそ、中食人の、分量を、たま〳〵人によはれてハ、すこし不足も、たへすきも、かんにんすへき、ものなるそ、禁物聞くハ、貴人のミ、又ハ病人老人か、只のきん物、栄曜より、おこる事ニて、あなかちに、尋ね問ふにも、およふまし、侘の茶の湯の、清風に、すききらひある、気儘もの、いかてか習ひ、得られんや、酒は礼式までの事、茶式ニも又、出すものゝ、只式のミと、心得て、いにしへよりも、献数の、二献三献、かきりあり、酒ハもとより、茶のかたき、かの量なしと、いひたるハ、茶事ニかなハぬ、事と知れ、なほ又口取、そのまゝに、紙につゝむか、おとなしと、思ふハ大ニ、ひか事そ、たとへ皆々たへすとも、一口なりと、口取ハ、主か心を、もちひにて、人やりならぬ、ものなれハ、其味ひも、しらすして、包むハ失礼、かきりなし、よくあちはひて、品ニより、再進乞へは、殊さらに、亭主よろこふ、ほとの事、只たへすして、包むもの、水栗はかりと、心得よ、是ハ毒解なる故ニ、亭主ニ対し、たへさるか、茶礼古実(覚)の、子細也、扨一会の、始終にて、あとへのこるハ、楊枝のミ、亭主もミつから、手おほへの、あるへきものそ、月日亭、記して箱に、納めつゝ、いつまて草の、いつまても、そのましはりを、思ひ出て、うしと見し世も、恋ひわたるらん、

懐石の語義の解釈からはじまり、世間一般の懐石の批判、あるべき懐石の姿、酒のたしな

み、口取（菓子）の心得に及んでいる。口取の菓子を食べずにしまうのは亭主に対し失礼であるといい、手作りの苦心の菓子であればお替りを求めることもあったようだ。最後に菓子についてきた楊枝を持ち帰るという。これは直弼の主張で、その楊枝に茶会の月日、亭主の名前を書いて、のちの思い出にせよ、と命じている。こうした懐石の主張は、「茶湯一会集」の中にも十分反映されている。

これを常の懐石とする時、真の懐石は『南方録』の飯台の料理から発想された。『南方録』に南宗寺の和尚たちを招いて千利休が開いた飯台の茶会の記事がある。飯台は僧堂で修行中の僧が食事する時に用いる長机である。これに物相飯《もつそうめし》をいれた椀を出し、汁は引汁にして菜も一種か二種、という極めてわびた懐石であった。直弼は『南方録』に強い影響を受けていたので、飯台の懐石の復興を企てた。もとより茶室は小間で、禅寺の食堂のような空間と違う。したがって飯台をもちこむことも困難である。僧堂でも日常には抹茶を用いず、かえって煎茶を常用している状態であるから、僧堂の食事をそのまま再現する必要がない、と直弼は考えた。

僧堂とは違う茶の湯の懐石でありながら、精神的には道元禅師が唱えた赴粥飯法《ふしゆくはんぼう》を内包するものでなければならない。そこで、応量器を直《じか》に畳の上に置き、亭主も同座して懐石をいただく作法を考案した。これが真懐石である。直弼は、真懐石に関するほとんど完成に近い伝書を書きあげようとしたが、完成する前に桜田門外の変にたおれた。その伝書は「草庵行鉢式之次第」と題され、

一、当日真式を行ふ事ハ、兼而約束のとき申遣し置けれハ、席上ニて別段挨拶ニハ不及也

という一節からはじまっている（前掲『史料井伊直弼の茶の湯』）。これによると、通いの役は浄人と呼ばれ、浄人が客の前へ応量器を配す。つづいて主人が自分の応量器をもって座に加わり、全員趺座する（草稿本である「真懐石」では半伽、安座も許していた）。以下、偈呪を唱えながら懐石は進行するが、常の懐石との違いは、飯が盛り切りの物相であること、もちろん精進で、一切、酒は出さない。おそらく無言であったろう。

真懐石に関連して直弼は懐石に別の解釈を加えている。懐石が温石からきたという『南方録』の解釈をとる一方、懐石は「薬石」の謂であるとして、「禅林ノ清規ノ内ニモ至テ略儀ナル薬石ナトヲトリテ、草庵茶道ノ常法トセラレシ」と説明している（「真懐石」）。つまり、薬石は僧家の略した食事であって、正式の斎《とき》とは異なる。わび茶も略された草庵小座敷の茶の湯であって、書院台子の正式の茶の湯と異なる。懐石が斎からきたものではなく、薬石からきたものであるからこそ、わび茶の料理にふさわしい、というのである。しかし茶の湯が仏道修行に酷似した人間形成の道であるとするならば、その精神に倣うという意味で、僧堂の食事に倣う懐石こそ、「真」の懐石としてよい。第二部の精進料理の作法で述べる精進の精神と懐石の真の一致を直弼は考えたのであろう。

井伊直弼は、自らの茶の湯を一つの流儀と考えるようになり、この流儀を会得するための

伝授体系を書きあげている。そのなかにも「真懐石」は一項にたてられていて、門弟たちは、その稽古も受けたにちがいない。しかし流儀を大成するには直弼の命はあまりにも短かった。結局、真懐石は直弼の工夫のあとが史料のなかに残るだけで、幻の懐石として消えてしまったのである。

第二部　懐石以前

一　大饗料理

何故、懐石という新しい料理の様式が生まれたのか、その歴史的前提を明らかにしなければならない。料理に限らず、文化は一つの様式に固定してしまうと、それを内部からつき破る革新が起って、また新しい創造的な歩みがはじまる。いわば本膳料理の行きづまりを打破する革新であったと、さきに懐石を位置づけたのだが、では、本膳料理とは何か、さらに古代の宴席の料理の形式はいかにあったのか、大饗《だいきょう》という平安時代の料理様式をみていく必要がある。

大饗も本膳も、正式の宴会料理である。このことはいく度もおことわりしなければならないのだが、懐石は正式の宴会料理ではない。懐石が供される茶会が、そもそも正式の宴会を風流にくずした、いわば遊びの宴会なのだから、同じハレの食事でも、おのずと性格が異なる。その意味で、正式の宴会料理としての本膳料理は、つい近年まで生き延びていたのである。しかし、今では料理の主流は、もはや本膳料理ではない。

したがって江戸時代の料理様式は、正式の宴会料理である本膳様式と、茶の湯の懐石と、その両者の中間にある料理屋の会席の三つの流れがあり、近代に至って後の二者が融合し、日本料理の革新が再びおこった、という見取り図が描けよう。

さて、正式の宴会料理であると同時に、日本料理の基本的な構造をつくりあげた本膳とはなにか、さらに、中世の本膳によって否定された古代の大饗とは何か、日本の宴会における料理の系譜をたどってみよう。

宴会

宴会における食の様式をみてゆくためには、まず、宴会とは何か、という点から考えねばならない。神を迎えもてなす儀礼の中の宴会、権力者が権力を誇示し、臣下の服属を象徴する宴会、一族郎党が集まって結束を固める宴会、国家あるいは共同体の年中行事の宴会、私的な通過儀礼の宴会、私的な集いのための宴会など、宴会の種類は無数にあるが、そこでは常に飲食が必須の条件であった。では宴会はどのような構造をもっているのか。

飲食を中心にみたとき、宴会は三つの部分より成り立っている。それを、①酒礼、②饗膳、③酒宴と名づけておこう。卑近な例をもってしてもわかるように、宴は乾盃からはじまる。乾盃は必ずしも西洋の影響というわけではなく、のちに述べる式三献の名残であろう。「駆付け三杯」の語源を式三献の三献に求めるのはさほど根拠はないが、しかし、酒を飲まなければ宴ははじまらず、その酒ははなはだ儀礼的な酒である。これを「酒礼」とよぶ。

酒が一同にふるまわれたのち、人々は次に「饗膳」に向かう。饗膳の内容はその時代によって大きく変化するが、飯汁を中心とした食事で、菓子とのちには茶を伴ってくる。饗膳こそ宴会の中でもっとも重要な部分である。ただし饗膳という用語は必ずしも一般的に通用されてきた語ではない。単に膳、あるいは本膳といい、茶会という宴会の中では懐石にあたるが、これらの食事部分を一括して饗膳の語で表現したい。第三は「酒宴」である。今日の宴会は饗膳と酒宴が複合してしまっている例も少なくないが、それでも宴果てれば相伴って座をかえて二次会にのぞむことはよくある。平安時代の宴でも酒礼および饗膳を宴座《えんのざ》とよび、宴会の酒宴を穏座《おんのざ》とよんで区別しており、本膳料理の酒宴、茶会の後段などを含め、このような飯後の酒を中心とする宴をひとまとめに酒宴と仮によびたいと思う。

酒宴の特徴は当然のことながら客前に運ばれる肴《さかな》と吸物で、それは饗膳の飯とともに供される菜・汁とは本来別のものなのだが、平安時代にはまだ明確な区別ができあがっていなかった。もう一つたいせつな特徴は、酒盃がかわされる間に種々の芸能が演じられることだ。芸能もまた重要な酒肴の一種で、一献ごとに芸能が献じられ、やがて飲めや歌えの無礼講に転じてゆく。

つまり、酒礼と酒宴は対応していて、一方は社会的秩序を確認する儀式であり、酒宴は秩序の崩壊をシンボライズする宴である。崩壊はあくまで擬似的な秩序の死であって、次にきたるべき秩序再生のエネルギーとされた。

式三献の源流

酒礼の最も完成された姿が式三献である。しかしこれは室町時代にできた言葉であり作法であって、はたして平安時代の大饗料理にあったか議論のあるところだが、私はその源流はあった、と考えている。それを、ここでは保延二年（一一三六）十二月九日に開かれた藤原頼長の任内大臣の大饗を例にみることにしよう。

　頼長の日記『台記』によると、公卿たちが各々座を占めたのちに机が立てられた。机は客の身分によって赤と黒があり、長さ二尺六寸、幅一尺四寸四分で、これを二前（膳）とか四前ならべて用いた。机が据えられると肴が運ばれる。頼長は「一世源氏座」という亭主の座につき、盃をとる。主から飲みはじめ次に大宮大夫が飲み、つづいて「盃酌、公卿座流巡了」とあるから、一同のなかを盃がめぐって納められた。初献という文字はみえないがこれが一献（初献）である。

　次に二献がはじまる。「次二献（中略）擬㆓大宮大夫㆒、今度ハ予不㆑受㆑盃」とあるので二献目は主人役が飲んでいない。このことは『江家次第』にも記されているので、一つの作法であったようだ。以下は同じく下座まで流巡した。三献は頼長より飲み流巡したが、三献目も主人は飲むべきか飲まざるべきか議論があったようだ。頼長は次のように注している。

　三献ヨリハ主人ニマイラストコソハ知テ候へ、土御門右府任大臣大饗度、経任大納言三献時、転㆓主人㆒、然者今度ハさや候へからん、又只三献マテハ、ウルハシヲ下テ、四献

ヨリヤ盃ヲハマイラセ候へからん、予云、不レ可レ然、三献ヨリコソ可レ給也、

三献まで主人は盃を受けず、四献より受ける作法もあったらしいが頼長はこれを否定し、前例を引いて三献の盃を受けている。

後代の式三献の場合は、ここで座をあらため饗膳にはいるのだが、大臣大饗では、それほど明確に三献と四献の間は区切られていないようだ。他の記録類をみると、三献までは盃に様器を用い、四献以下は土器を用いるとあり、頼長の場合も四献から大土器を盃に用いており、三献と四献の盃事の意識がかわっていることがわかる。酒肴について『台記』は、初献前に客机へ肴物が二折敷ならべられ、二献の前に主人へ同じものが据えられ、三献は盃の流巡ののちに飯汁が据えられて、すでに饗膳の用意に移っている。したがって飯汁は三献の肴《さかな》とは考えず、机上にならんだ肴と、保延二年のこの記事にはあらわれぬが二献で供される餛《こん》飩《とん》をもって三献までの肴とし、三献までを一区切りの酒礼と考えておきたい。

酒礼に三献をもってする儀礼はもちろん日本で独創されたものではなく、大饗の他の食物の供しかたが東アジアの饗膳の食物に近似していることからも容易に推測されるように、中国および朝鮮半島の影響を強く受けていたと思われる。朝鮮半島の例は古記にあると示唆は受けたが、まだ適当な例を見いだし得ない。中国唐代の『大唐開元礼』との比較を試みられた倉林正次氏によれば、同書にも宴なかばに「觴行三周」とあり、觴《さかずき》が三巡したとある（倉林正次『饗宴の研究』儀礼編、桜楓社、一九六五年）。唐礼の影響は十分考えられよう。(注)

(注)式三献の起源について、脇田晴子氏は、蔵人所滝口の武者の肴の据えようからはじまる、と論じている(同「文献からみた中世の土器と食事」『国立歴史民俗博物館研究報告・第七一集、中世食文化の基礎的研究』、一九九七年)。ただしこれは肴の内容からの議論なので、三献そのものについての起源論にはならないと思われる。

宴の座、穏の座

三献のなかに式三献の源流をひとまずとらえたのだが、それにしてもいささか頼りない感が残る。というのは、大臣大饗の場合でもそのまま四献に続き、藤原頼長の宴では六献まであってやんだ。なるほど四献より盃が様器から土器にかわるので、それまでの三献とは意識もかわっているであろうけれど、宴の進行のうえで三献と四献の間に確たる境界が設けられているようには思えない。

これを節会における形式でみると、三献は饗膳のあとに置かれている。たとえば『旧儀式図画帖』[注](東京国立博物館蔵)より元日節会の部分をみると、饗膳が終ってから「三節御酒」がでている。三節というのは正月の元日、七日、十六日の三つの節句の酒で、三盃が三度往返するといわれるのでまさに三献なのであるが、それが飯後に置かれている点が飯前の酒礼と性格のちがいを思わせる。しかも一献ごとに芸能が演じられるところも酒礼と異なる。すなわち初献で国栖《くず》奏が、三献で立楽が演じられている。これが大嘗会《だいじょうえ》の豊明節会では、二献に久米舞、吉志舞、三献ののちに大歌五節舞等々、多くの芸能が登場している。これは饗膳がでる前におこなわれる酒礼ではなく、むしろ饗膳がすんだのちの酒宴とみたほうがよいように思える。したがって三献も式三献につながりながら、同時に饗膳のなかで飲まれる中酒とさらに饗膳ののちにだされる酒宴の酒の性格を兼ねているとみたい。

これをさきの藤原頼長の大臣大饗で求めるなら、初献以下六献に至る酒礼と、肴から飯汁に至る饗膳までの宴座に対する穏座にあたるであろう。穏座とはどのようなものか次にみよう。六献がすみ、史生、召使に禄が与えられたのち「次、敷㆓穏座円座於簀子㆒」とあり、主人の円座は階の中央より少し西寄りに敷き、他は西の欄檻の西方から敷きはじめる、という。敷き終ると一人ずつ立って座をかえ、あらためて各自の前に衝重《ついがさね》が運ばれた。関白には三本、頼長以下は二本ずつの衝重で、その内容については記載がない。仁平二年（一一五二）の頼長の饗宴における穏座の内容を『台記』にみると次のとおりである。木菓（梨、棗）、干物（干鳥、蒸鮑《むしあわび》）、生物（雉、蒸蠣《かき》）、窪物（海月《くらげ》、保夜《ほや》）、薯芋粥《やまいもがゆ》（加㆓零余子焼㆒）の九種で、零余子《むかご》焼を加えた芋粥が最後にでている。おそらく保延二年の穏座も同様の食べものがならべられたことであろう。やがて一献の酒が流巡すると、

次諸大夫持参管絃具、次御遊、拍子新大納言実能、篳篥《ひちりき》大納言雅定、笙右衛門督宗輔、横笛新中納言公教、琵琶宰相中将重通、已上

と公卿たちは管絃の具をもちだして楽を奏した。次に御遊とあって、公家衆の楽の分担が記され、平調調子、伊勢海、万歳楽、五聖楽が数回奏され、宴もたけなわに至ったようだ。大臣大饗の穏座では酒宴で賑やかな芸能が必ず楽しまれたことがここからもうかがえる。

さてこうしてみると、平安時代の宴会においては、式三献にあたる酒礼と、その後に供される饗膳が時間的に区分され、さらにその後に座をかえてはじめられた穏座の酒宴に至る三部構成を、ほぼ認めることのできる大臣大饗型の宴会と、酒礼と芸能を饗膳中に組みこみ、直会《なおらい》的性格の強い節会型の宴会の二つの宴会があったことが、まず言い得るであろう。

（注）節会の史料の一例としてとりあげた『旧儀式図画帖』（東京国立博物館蔵）の元日節会の部分は次のとおりである。近世的な多少の改変はあるが『江家次第』とほぼ一致して、より詳しく内容の知られる貴重な資料である。

次采女撤御台盤帊、一采女御膳宿ヨリ参進母屋入着草墪、二、三采女妻戸内ニ候得選簀子候帊鎮子等撤 木菓子八坏馬頭盤、内膳司予御台盤居、銀御箸匕木御箸等

次晴御膳、内膳司自南階供之四種銀器酢酒塩醤唐菓子餛飩餲餬、索餅桂心各銀器膳部率警蹕称采女取伝一台盤ニ供ス 内弁以下諸仗座前立、供進警蹕ヲ聞、各立供了居

職事進内弁ニ御膳供畢ヲ申、次腋御膳、御厨子所自西階供之䭔子黏臍、饆饠団喜皆銀器采女取伝供 次賜臣下餛飩、

内弁仰参議催之参、議下殿内豎ニ仰内豎持来居之居畢参議申箸次内弁申御箸、内弁乍居正笏御座、方ニ向磬折申上御箸鳴、
御扇ニテ馬頭盤、御箸ヲ鳴シ給臣下応之、箸ヲ餛飩器上ニ掛
次供蚫御羹、便餛飩ヲ撤内膳司自西階供之、得選取之一采女一御台盤ニ供次供御飯、便撤索餅予御膳宿在銀器得選御膳、宿ニ向取之一采女一御台盤ニ供次供進物
所御菜、窪器二坏海月老海鼠代高盛三坏雉脯蒸蚫干鯛各銀器平、盛三坏鱸腹赤烏賊御汁物二坏鯛鯉銀器供進取伝同上次供御厨子所御菜、高盛七坏焼蛸楚割鮎平盛一坏蛤
各銀器御汁物二杯蚫鳥焼物二坏零余子焼雉各銀、器御厨子所御膳宿ヨリ進之一采女一御台盤供之供畢職事申内弁、五位蔵、人申之次賜臣下飯汁、便餛飩ヲ撤内
弁命参議召内豎乍座催之、内豎持参飯汁追物等居之居畢参議申箸次内弁申御箸、次御箸鳴、同、初臣下応之、先箸飯内ノ方ニ立ヒヲ
飯ノ外方ニ立更箸ヲ取少シ、汁器ニ入汁器ヲ取喰之如形次供三節御酒、不賜臣下耳糟三坏糯米黒米白米等盛青瓷得選御膳宿向、取之取伝二采女一采女一御台盤供空盤御厨子所ニ返次
一献、御酒盞銀器二采女持参一采女、供進飲之給後御盞ヲ台盤並供畢職事申内弁、五位蔵人内弁ニ申、一献マイリテ候賜臣下、内弁参議ニ仰参議内豎ニ仰
端座造酒正奥座内豎勧之右手、ニ瓶子持左手ニ盃持公卿飲酒畢澆濁塩器ニ沃ク、盃盤載返、之各如此次国栖奏、内弁下殿壇上亢、子着外記ヲ召催之、
外記微唯退去長楽門ニ行告之国栖人建礼門壇上ニ立国栖、人奏之内弁笛一節ヲ聞昇殿ス吉野国栖人音取ヲ吹歌不奏次二献、如一、献賜臣下、同、上次御酒勅
使、内弁伺天気仰之内弁抜箸取笏起テ磬折向御所方奏云マフチキンタチニミキタマハン天許了座居参議一人ヲ召参議微唯起座一揖内弁巽方ニ立磬折内弁仰云マフチキンタチニミキタマヘ承之微唯一揖本路経東
一間ヨリ庇ニ出テ下殿軒廊ニ立以官人召外記前ニ来仰云御酒ノ勅使交名外記懐中ヨリ取出進之参議交名披見懐中ス外記退去参議昇殿簀子南行東二間立西面一揖右回本路経復座

次三献、如二献、賜臣下、同上、次立楽、内弁参議ニ仰催、之一如国栖之時、参入音声春庭楽、左万歳楽、賀殿、右地久、延喜楽、退出音声、長慶子、治部省、雅楽寮

大饗料理の構成

大饗の食卓の特徴は大卓に配列される大量の副食類であろう。その一例として『類聚雑要抄』にのる永久四年（一一一六）正月二十三日、内大臣藤原忠通の大饗の食卓に分類を加えて図3に掲げよう。

これらの食べものがどのような順で運ばれ、どのように食べられたのか知りたいところである。この図でみると平面的にすべて並べられているようだが、基本的にはそうであっても、やはり料理によって前の器を片づけて次の料理を運ぶという時系列をもつ部分もあった食事らしい。保延二年（一一三六）十二月九日の大臣大饗をもう一度みよう。第一献において「居肴物」という文字がある。肴物の内容は記されていない。節会の場合は、ここで菓子が運ばれる。『旧儀式図画帖』でも餛飩《むしもち》を中心に餲餬、桂心などの唐菓子の名がみえる。保延二年の記録には二献の肴が記されていないので判然としないが、餛飩がそれにあたるのだろう。餛飩は『和名抄』などには肉をきざんでこれを麵にて包んだ饅頭とされており、のちには餡をいれ、小豆汁などをかけた団子風のものとなったようだ（『厨事類記』『貞丈雑記』）。近世の公家記録などにはしばしば餛飩の汁とあり、汁がたっぷりかけられたものであ

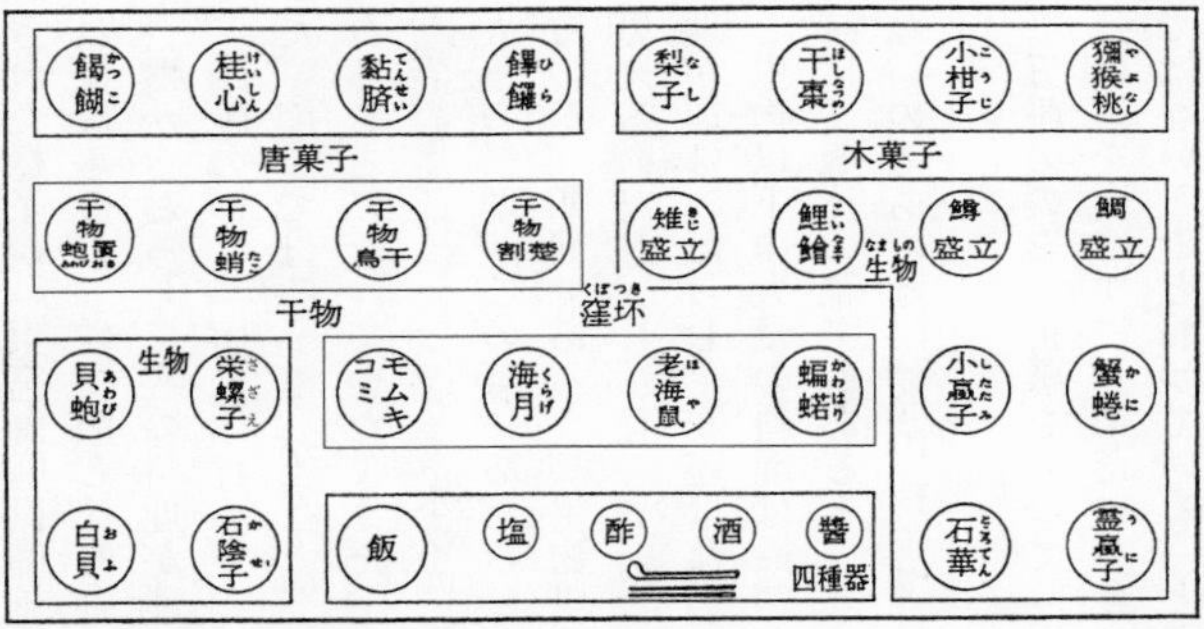

図３　藤原忠通の大饗食卓（原文では四種器のひとつが空白になっているが、他の史料からみて、これは四種の調味料のひとつである塩とみてよいであろう）

る。

三献がすんで飯がすえられる。『台記』は、

次公卿前、次第居レ飯、大納言陪膳雅職、中納言忠兼、参議資兼居了、居二汁并菜一、居レ飯之人同居レ汁也、参議実親正レ笏、申二事由一、予立レ箸、次立レ匕(匙)、次々人同立レ之、先取二最華一天食レ之、企汁土器ヲ置二机下一、

とあり、飯汁がすすめられて箸と匙でこれを食べた。当然、二献の餛飩は片づけられているのだろう。飯は『年中行事絵巻』からみて高盛り飯。飯は食べはじめる前に最華（生飯《さば》）を取ることになっていた。汁は内容が記載されていないが『江家次第』などには汁・鱠《なます》とあり、鮒の鱠と注をしている本がある。節会には御厨子所より熱汁が二種、進物所より冷汁が二種、進上

された様子が「東宮御膳供備御台盤図」にみえる。汁・鱠であれば、ここは当然冷汁でなければならない。さて飯と汁を食べ終ると、汁の入っていた土器を机の下に置くとあるから、台盤からおろして次の料理が運ばれるのを待つことになったのであろう。

四献ののち「居《スエル》二汁并《ナラビニ》菜一」とある。この汁はさきの冷汁に対する熱汁で、羹《あつもの》がだされた。節会では鮑《あわび》羹《あつもの》がでていたが、大饗の場合は庭前の立作所で解かれた雉の羹が用いられることになっていたようだ。ここで注意すべきは汁とともにすえられた菜である。さきの『類聚雑要抄』にのせる永久四年の図に描かれている生物十二種、干物四種、窪坏物《くぼつきもの》四種の大量の料理がこの菜にあたるのか、あるいは、これらの料理は初献の折に記される肴にあたるのか、如何であろう。生物以下の料理の性格から考えて飯とともに食べる菜ではないかと思えるのだが、しかし、『台記』の記事からみると、四献に至ってたくさんの菜にあたる料理が運ばれたらしき記述はないので、ここの菜はせいぜい一種か二種のものらしい。とすると生物以下の大量の料理は最初からすえられていて、初献より六献に至る酒の肴であると同時に、飯汁の菜でもあるということになる。それにしても菜と肴の区別がまだ判然としていないのであろう。『北山抄』では四献のときすすめられる料理に生鮑、雉別足などをあげている。

五献ののち、折敷をもって「居二蘇、甘栗、枝柿一」とある。蘇は乳製品。他は木菓子。頼長は蘇を食べずに甘栗だけを食べたが、これは自分だけのことで、一般的な作法というわけではないとことわっている。ともあれ、これがデザートとなり、保延二年の大饗はひとまず終りに近づき、次に六献をもって締めくくられている。他の記録をみると立作所より何種もの料理が献じられるなど、献立はもっと賑やかな場合も多かったらしいが、基本的にはこうした形式にかわりはない。

以上、大饗における饗膳の構成をみてきたところ、ひとまず次のように考えておきたい。台盤がすえられた段階で菓子と肴がならべられ、みた目にはたくさんの料理が配列されるのだから、平面的な料理の展開ということになるが、実際に口にいれられる餛飩、飯、汁、菜、菓子は、酒の盃が巡流するにしたがって一品ずつ配膳され、時系列をもって供されている。したがって大饗といえども、すべて時系列を無視しているのではなく、まだ不十分ではあるがその両者を併存させている。配膳における平面的展開と、時間的展開という二つの原則が、それ以後も、日本料理の伝統のなかに貫かれていて、前者が優勢であった伝統が桃山時代の懐石料理において百八十度転回をとげた、というのが私の主張なのである。

さて、大饗料理は高盛り飯や複数の人間が座る台盤という大型の食卓、また椅子の使用といった点からみても、「大槃唐式」（『和名抄』）といわれたように大陸からの影響下に成立した饗膳の様式であったことが容易に想像される。奈良時代の饗膳を知る史料がほとんどないが、おそらく律令制下の宮中における食の様式にはすでに大饗の先駆的な形態があったとみてよいだろう。しかし平安時代以後、一方に唐風の儀礼を残しながら、和風のそれが加味され、やがてとってかわる。銘々膳の慣行が強力であったから、大饗といえども、後世の儀式の和様化に伴って、銘々膳の形式が混入し、台盤を分割するように高杯に料理が分けられ、その高杯の数で七本立とか五本立といった呼称が登場している。そのとき注目される相違点は、第一に馬頭盤が失われ、それまでの台盤に必ずセットされていた匙が姿を消すこと、第二に、椅子に卓という形式がなくなって床に直に安座するようになったことである。つまり中世になるとハレの宴もケの食事も銘々膳を基本とする形式となり、やがてそれは本膳料理として展開することになった。

二　本膳料理

饗膳

日本における食の様式の基本型は本膳料理から生まれた。

本膳料理という料理の様式を簡単に述べれば、数々の料理をのせた膳がいくつも客前に並べられる料理のかたちで、そのいちばん贅沢な七膳の形式（図4）以下、五の膳、三の膳、二の膳などの種類があるが、いずれにしても銘々膳にあたる小さい膳が複数並べられる様式である。しかしこの本膳料理という言葉が、ある時代の料理形式を示すものとして、すでに一般的に認められている言葉かどうか判然としない。たとえば手近な史料集として便利な『古事類苑』をみるならば、料理の分類は「饗膳」「式正《しきしょう》料理」「会席料理」「即席料理」「鳥料理」「牡蠣料理」「精進料理」「食卓料理」「普茶料理」「南蛮料理」としていて、本膳料理の語はない。言葉はないが、ではどの中で説明しているかといえば、それは「饗膳」である。式正料理は徳川幕府の式正料理を数行あげ、本膳が式正に用いられると述べられるだけにすぎない。いいかえれば『古事類苑』の編者は料理のスタイルとして、饗膳、会席、精進という三本の柱をたて、バリエーションとして即席以下魚鳥の若干をあげ、そのほかに外来料理である食卓（卓袱《しっぽく》）料理（中国料理）と南蛮料理をあげたのである。

本膳料理を独立させずに饗膳の中で説明しようとするのは、本膳料理が室町時代以来、日

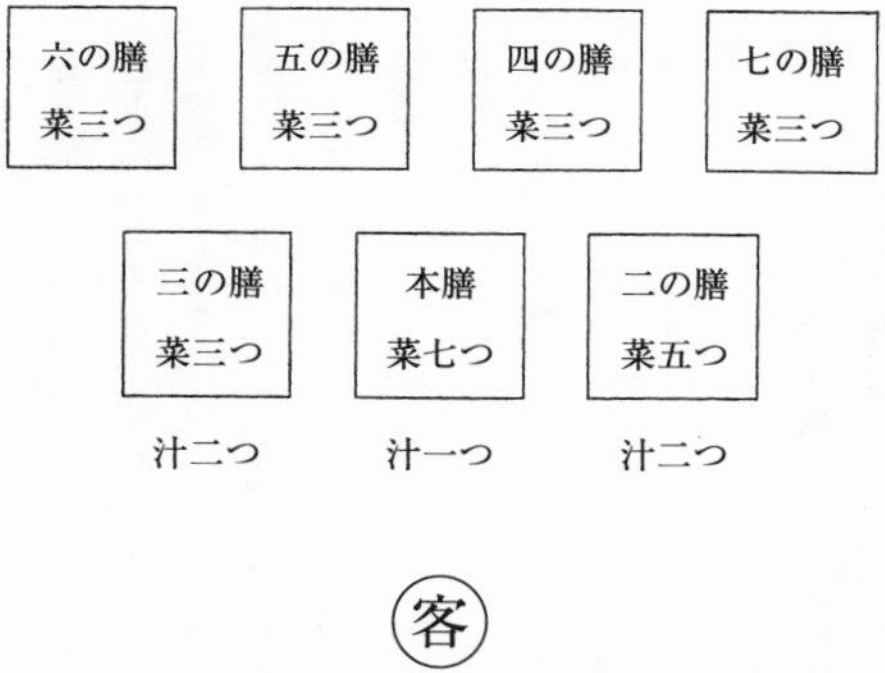

図4　七膳の本膳料理（この図は『奉公覚悟之事』などを参考として概念化したものである。菜、汁の数は必ずしも一定しておらず、増減は当然あるものとみてほしい）

本の宴会における料理として定着していたからにほかならず、さらにいえば、近代に至って本膳料理が饗膳の典型として形骸化してしまった歴史を反映しているのである。いまや、本膳料理は崩れたかたちで、地方の格式ある結婚式に登場する程度であろう。

一条兼良（一四〇二―一四八一）の作と伝える『尺素往来』（寛文八年版本）に、

> 本膳、追膳、三の膳、大汁、小汁、冷汁、山海苑池之菜、調二百味一候也。

とあって、本膳と追膳、三の膳がでるのが、本膳という言葉についていえば初見とされてきた。『尺素往来』の文脈では、これらの言葉が精進に関連して登場することも注意する必要がある。本膳の形式は精進料理の中で定着したのかもしれない。いずれにしても、古代以来、上流社会にあっても庶民生活の中でも、最も一般的な食卓は個人個人が一人用の膳をもつ銘々膳の形式であった。いいかえれば、先に述べた大饗の台盤ごとき大型で、しばしば複数の人が卓を共にする共同膳の形式は外来文化であった。それは卓袱台《しっぽくだい》から今日のダイニングテーブルに至るまですべて外来文化で、これに対する日本的な食卓は銘々膳の形式であった。つまり公的な儀式用には外来の共同膳に料理が盛られ、日常的には庶民も貴族も銘々膳を使い、ここに飯と汁、菜をのせて食事をしてきたのである。

たとえば平安時代の風俗をみせる『餓鬼草紙』に琵琶を弾く貴族が描かれ、その前には小皿が四つのった高杯が置かれ、さらに高杯のかたわらには折敷があってここにも食べものが盛られている。高杯を本膳とすれば折敷は二の膳的であるが、もちろんそういう呼称はまだなかった。『病草紙』(一二世紀後半成立)にみえる歯痛の男の前には折敷が配され、折敷の真中に高盛り飯、その周囲には少量の菜が小皿にのり、汁がならべられている。この場合は折敷一つで他にはない。これが古代の庶民における標準的な食卓であったろう。

七五三の膳

本膳料理の正式の形式は七五三の膳である。ところが、この七五三という数字にはいくつかの解釈があって結論がない。従来は七・五・三の菜の数が本膳以下に盛られていると考え

られてきたが、これに反対したのは江戸時代有数の故実家、伊勢貞丈である。『貞丈雑記』には、

七五三の膳と云事、七とハめしにてもあれ、湯漬にてもあれ、七の膳まで出すなり。五とは、初献ぞうに、そへ肴、鯉のあつもの、二献まんぢう、そへ肴、うづらの羽もり、三献たいのあつ物、四献むし麦、そへ肴たちばなやき、五献やうかん、又ハすいせんかん、そへ肴、鮒の一こん煮、三とハきやうの膳也。三の膳まで出すなり。

とあって、七五三を膳の数と考え、七は七の膳までの本膳以下の膳の数を指し、五は五献の肴の数、三も饗膳の数を示すと主張している。後の料理書である『四季草』でも、

七五三の膳と云を、今世しらぬ人ハ、本膳にさい七つ、二の膳にさい五ツ、三の膳にさい三つ、くみ付る事と思へり、それは七本立、五本立、三本立とてさいの数の事なり。

として、七五三をあくまで膳の数とし、菜の数には「——本立」といういい方があるのだという。

七五三の膳とは、いわば七の膳まで出る料理を式正の型と考え、五の膳、三の膳はしたがってこれに比すれば簡略の食事のかたちを示す、という解はもっと古くからあった。安土桃

山時代に日本に来たポルトガルの通辞ロドリゲスの『日本教会史』によれば、もっとも豪華な饗膳は七の膳の料理であった。

さらに荘重な七つの食台すなわち盆（七の膳）の宴会では、三十二の料理がつき、その中に八つの汁が含まれ、その五つは魚のもの、一つは貝類のもの、二つは肉のもので、その肉の一つは宴会の主要な料理をなす鶴のものであり、その他すべての料理がそれに添えられる。そして鶴は日本で最も珍重されている鳥であって、冬に野鴨、白鳥、その他多くの種類の無数の鳥と一緒にタルタ―リアから飛来する。（中略）第二の汁は白鳥のものである。こうして、日本で最も貴重な鶴と白鳥との二つの料理は、この種の宴会に荘重さを加える。

このように史料を並べると、七五三とは膳の数を示すと解釈してよいだろう。ただ、江戸時代になると、その意味も判然としなくなるように、現実には七五三の膳が供されることがなくなったといえる。

本膳料理が武家の式正の饗宴の中で完成されたのは室町時代であった。この節の冒頭に述べたように、日本の饗宴（宴会）は酒礼、饗膳、酒宴の三部より構成されるが、武家のもっとも重大な公的饗宴である御成《おなり》（主君が家臣の邸を訪れる宴）の中の饗膳として本膳料理が完成されたのである。

次に御成の形式とその中での本膳料理について、まず最初に宴会の第一部に当る酒礼、すなわち式三献の儀からみよう。室町時代の記録によると、将軍などの主君の御成の場合、午後二時より三時ごろに到着して、当主は門前で主君を出迎え、邸内に案内する。早速、主君は公饗《くぎょう》の間という室に入り、ここで式三献の儀がはじまる。面白いことに、この公饗の間は書院造りの様式の中で、より古風な寝殿造りの様式を残している部屋である。「十七献之次第」（『対馬古文書』）にみえる式三献の次第は次のとおりである。

初献
きそく
小串の物　台かめのこう
けつり物　台かめのこう　さうに
鳥　台かめのこう
二献
のし　鯛の吸物
つべた
三献
するめ　ひしほいり吸物
たこ

初献の小串には、手にとる串の部分を紙で包んで亀の足のように金箔、銀箔の紙で飾りをつけてあり、これが亀足《きそく》である。台は亀の甲を皿にしたものを用いている。削り物は古代以来の楚割《すわやり》のような干した鮭などを削ったものではなかったか。中央には雑煮。あらためて述べるまでもないが、今日も正月の祝膳に雑煮がすえられるのは、この式三献からはじまるわけで、したがって雑煮は食事でもお菜でもなく、酒の肴なのである。したがって今も屠蘇《とそ》と組み合わせている。鳥も亀の甲にのっているがこちらには亀足はない。したがって、小串、削り物、雑煮、鳥に亀足を加えて五種が初献の肴である。ここで亭主にも盃が下され、亭主からは主君へ献進のものが披露される。二献は熨斗鮑《のしあわび》、つべた貝、鯛の吸物で三種、三献はするめにたこ、吸物のやはり三種である。これが終わって座を移し、いよいよ本膳料理の並ぶ、宴会の第二部「饗膳」に入る。

こうした御成の儀式は式三献も含めて、主客の身分、関係によって複雑に変化する。ここでは、ごく概念化した形式を示したに過ぎない。ただ式三献が今日の結婚式のなかの三三九度として残っていることを考えれば、雑煮の風習とともに、むしろその民俗的性格に注目する必要がある。さもないと、単なる文明化の過程で生じた繁雑な儀礼と見誤ることになる。

『山内料理書』にみる本膳料理

さて本膳以下の膳にはどのような料理がならんだのであろうか。明応六年（一四九七）の年紀のある『山内料理書』には角切《すみ》りの膳に料理を置いた状態の図（図5）が載っている。

本膳、是は椀の膳の仕様なり、土器の時は汁不ㇾ居《すえず》、中の飯計可ㇾ居、椀の時は塗折敷、

と説明がある。これが本膳に椀を使ったときの並べかたで、土器のときは汁を出さないで飯だけという。大饗料理風になるのであろう。膳も白木になる。神事的な側面が強まれば、一度使いで捨てることを前提とする白木、土器が用いられ、世俗の宴や僧家の場合は塗りものになるわけである。

塩引も焼き物であろうが、それとは別に焼き物の皿があり、こちらには「雉子《きじ》成べし」とあって、雉子の焼き物だった。一般には本膳の焼き物は魚であろう。

本膳に青鱠《なます》がおかれる。これはのちに懐石の場合の向付《むこうづけ》に変化すると考えてみたい。位置としても、正に向い側にある。香の物について「皮を上になす」と注しているが、瓜などの皮のついている側が上になっているのは当然であろう。

次は二の膳（図6）。

一、鯛焼物をひら焼物と云、かいしきせす。（掻敷）

一、辛螺、きそくする。（亀足）

一、蛸いほをすきて皮をむく也。

とあり、平はいわゆる塗りの「おひら」である。形は角切りの角型。掻敷は檜の葉や南天の葉を下に敷くことで、葉の裏を使ってはいけない、と『四条流包丁書』に記されている。辛螺《さざえ》のような巻貝は身をとり出しやすいように楊枝をさし、その楊枝に亀足という飾りがついている。蛸《たこ》は吸盤のいぼをかき落して皮をむいておく、という。

二の膳の汁は二種。雉の方は「ひしを入り」で醤《ひしお》で味つけされているが、鯉の方は土器と容器の注があるだけである。本膳に汁が一種、三の膳に冷汁が一種、あとにでる引物に鳫《がん》の汁がでるので合計五汁となる。実際に『蔭涼軒日録』などの中世の記録に三の膳で五汁という例がみられるのはこのような形式を実行したものだったかもしれない。

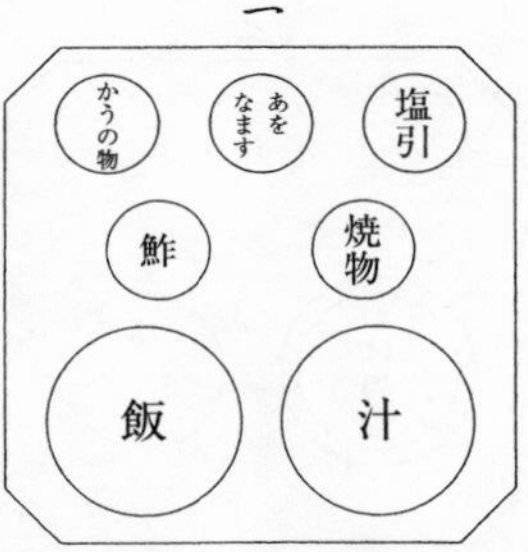

図5　一の膳（『山内料理書』以下同）

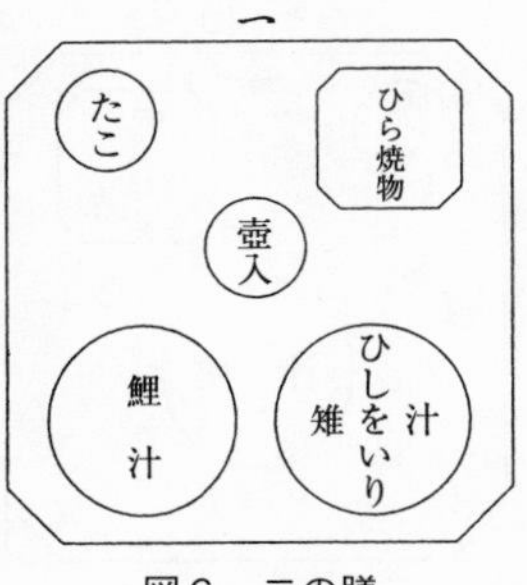

図6　二の膳

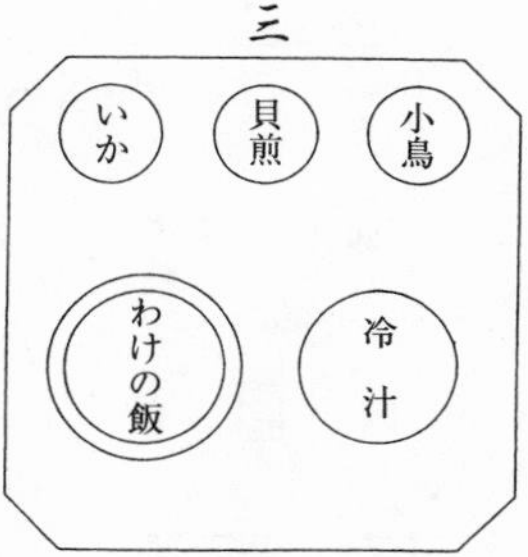

図7　三の膳

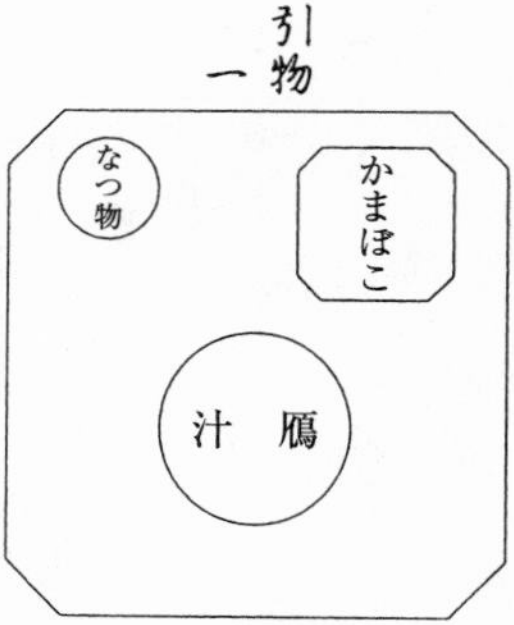

図8　引物（一）

さて三の膳へ移ろう（図7）。

この汁について「魚汁たるべし、こだゝみ、海鼠汁《なまこじる》ふぜいのものなるべし」とある。二の膳の汁が魚と鳥であったのに対し、魚とか海鼠などの汁が約束になっていたらしい。わげの飯というのは、曲物《まげもの》にいれて下に土器を敷いた飯である。

このあとに引物という膳がでるが、そのすえ方について、

三膳おも《（ママ）》二の膳の方に居、引物左に居、三膳以後は三くみ也とも皆引物也、皿数向居候事忌之

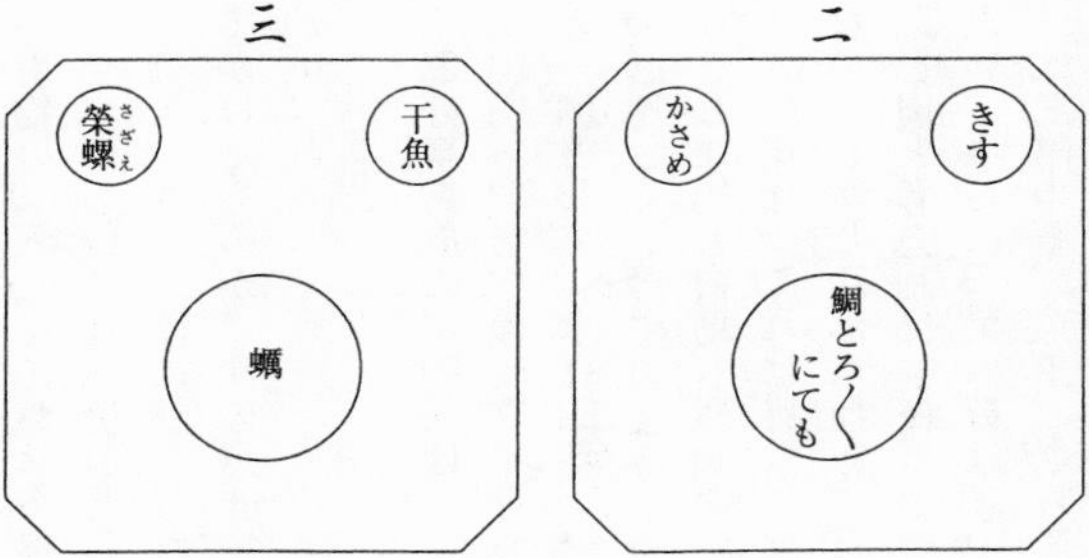

図9　引物（二）（三）

とある。最後の一文は意味不詳だが、前半は膳の並べ方で、常とはいささか異なる。まず本膳の右に二の膳がくるのはよいとして、そのさらに右に三の膳がすえられるのは後世とちがう点だ。そして引物が左にすえられる。そして三の膳までは一人ずつのお膳であるが、そのあとは三組とも引物であるという。

　この引物という言葉には引出物と、取りまわしのものという意味と二つある。のちの献立をみていると、しばしば「引て」という言葉がでるが、これは取りまわして、ということである。したがって、この引物は引出物の膳とも、膳ごと取りまわしにした肴ともみることができるが、いずれにしても汁が入っているのが不思議である。引汁というものものちの献立にはあらわれる。五度入りという土器としてはかなり大きなものにこの鳫《がん》の汁が入れてあったので何とも解釈に苦しむ。引物の㈠は図8のとおりである。

　なつ物に対しては「鮭のはらゝ子」と注がついている。また鷹の汁の吸口として山葵《わさび》と杏仁《きょうにん》が添えられていた。

引物の㈡と㈢をあわせて掲出すると、図9のとおりである。きすについては「焼ひたし」という料理名が注記され、ゆがいて鱗を落とし、それから魚を焼き、さらに汁にひたした料理である。鯛《たい》には「とろ〳〵にても」とある。山芋をおろしてかけたものか。汁の意味ではあるまい。かざめは風見蟹である。以上、五汁十八菜の料理が供された。

三好亭御成の本膳料理

『山内料理書』の成立年を奥書通り信じるならば、それより七十年程のちの本膳料理の献立の一例として、永禄四年(一五六一)三月に将軍足利義輝が三好義長邸へ御成したときの七の膳をとりあげてみよう(『群書類従』「永禄四年三好亭御成記」)。『日本教会史』が最高の汁とした鶴も白鳥も残念ながらこのときは、手に入らなかったらしく、鳥の汁は鵠《くぐい》だけで、あとは集汁(これは雑煮に近いので内容は特定できない)を除くと明確に汁とされるものはない。しかし汁は八種あった可能性から推理して、別記のとおり、六種(すべて海のもの、鯨を肉と考えれば五種)で、『日本教会史』のいう八種の汁のヴァリエーションとみておきたい。さらに、菜の数は二十三種になるので、かなり豪華になっている。

式三献の肴、菓子、さらにまた酒宴の肴を含め全体像を示すと、次図のとおりになる(図10)。これが三好邸御成全体の献立である(表1)。

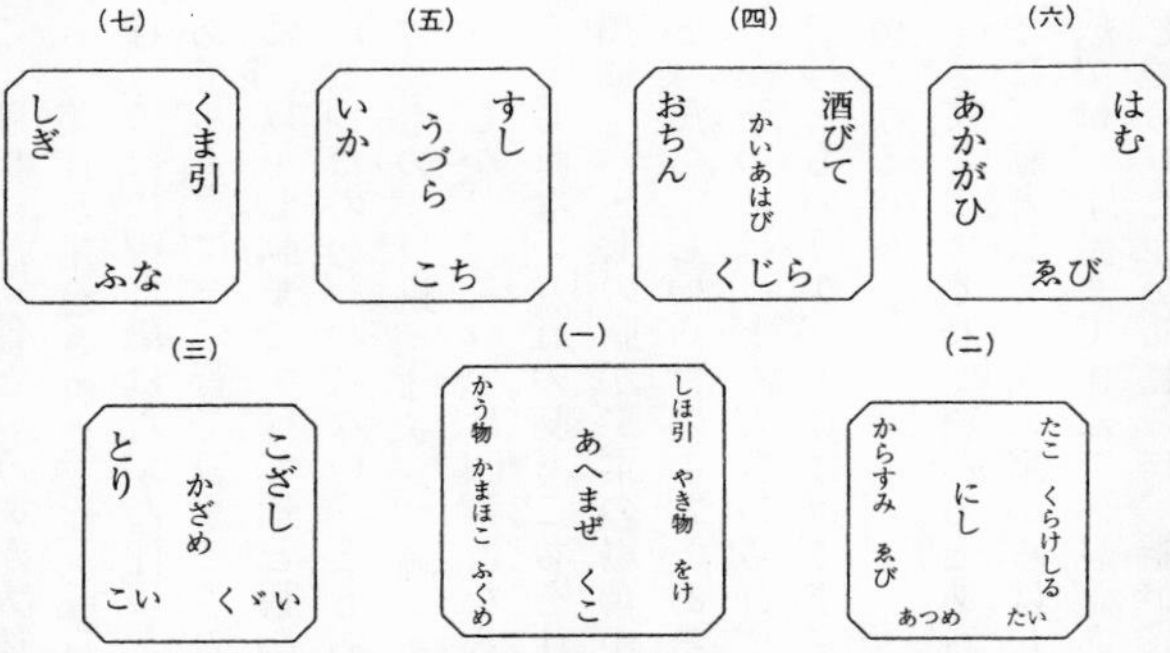

図10　七の膳（『群書類従』「永禄四年三好亭御成記」）

将軍あるいは主君が、大名あるいは家臣の邸を訪問するのが御成である。家臣としては一生に一度あるかないかの名誉ある行事であるから全力を尽くして饗応にあたる。

まず本膳以下の料理について、一応私なりの解釈を加えておこう。湯漬の本膳は香のものを除いて五菜。必然的に、塩引イコール焼き物ということになる。桶の中身もここには書かれていないが、これによく似た大永二年（一五二二）「祇園会御見物御成記」の献立では、桶にあたるものにこのわたが登場しており、この場合も同様に考えたい。和雑《あえまぜ》は魚の干物を削って入れたもので酢の物ではなかったという。フクメは多く鯛と注記してあることが多いように、鯛のデンブである。飯が湯漬であるから、飯と汁が一体となったもので、これと別に汁は本膳に出さない。

二の膳は辛螺という大型の巻貝を中央において、左右に鮪と唐墨《からすみ》がならび、鯛と海老が盛ってある。

この膳には汁二種というのが大体のきまりらしく、ここでも海月《くらげ》の汁に野菜をいろいろに入れた集汁が用意された。三の膳はコザシ（小串）と鳥がならべられ、カザメという蟹で三種、これに鯉と鵠はたぶん汁にして供したものではないかと推定される。四の字は与の字をあてるようにヨの音で読ませるのが習いで、ただし「よコン」とあるのは四の膳の誤りである。以下七献まですべて献と膳を誤っているが、これは『群書類従』本の翻刻の誤りか原本が誤ったのかわからない。ともあれ、四の膳には酒浸《び》てがまずあげられ、これは魚を酒につけたもの。貝鮑《かいあわび》、オチン、鯨。オチンとは干魚をほごして辛みをつけ酢にて煮たものという。しかし、これでは四菜になるので、あるいは鯨が汁仕立てになっていて三菜と数えるのかもしれない。五の膳もこちを汁とみれば鮨、鶉、いかの三菜。七五三の膳を記した故実書類に、六・七の膳が二菜の場合がよくある。ここでも海老と鮒を汁とすると二菜ずつ。熊引とは魚の「しいら」のことである。

菓子の数はほとんどきめられていなかったといったほうがよい。九種といい、あるいは十二種ともいうが、実際にはさまざまである。この場合は亀足、カラ花を別個に数えると十一種となる。

さてここで本膳が終わるとあらためて酒宴となり、肴が運ばれる。この場合、式三献をすでに三献と数えて四の献からはじめられることが多い。永禄四年（一五六一）の三好亭の御成では、十献まですんで休息があり、そのあと十七献まで続けられ、その間、式三番からはじめられた能が演じられ、能が終わると万疋の金が左右五千疋ずつ舞台に積まれる。おそら

表1　三好邸御成の宴の全献立

奥ノ四間（公饗ノ間）		表九間（西向）		御休息所	九間（十八畳）
式三献		一　御湯漬 5菜	菓子	茶	献　肴(一部) よ献　麺　立花焼
御手かけ	初献　雑煮	二　5〃2汁	こんにゃくふ	台子	五　いもこみ
	とり	三　3〃2〃	亀足	天目	六　まんぢう
	亀のかふ	四　3〃1〃	くるみ	四帖半	七　ゑびあおなます
	二〃　鯛	五　3〃1〃	亀足	(三帖トモ)	八　三ほうぜん
	のし	六　2〃1〃	うちくり		九　いるかえび
	つへた	七　2〃1〃	のり		十　やうかん
	三〃ひしほ	(七ノ膳)	やまいも		十一　桜いりこんきり
	いり		結びこぶ	休息	十二　ぎよかん
	するめ		くしかき		十三　うけいり
	たこ	23菜8汁	からはな		十四　くじらさざい
			みかん		十五　こちくらげ
			11種		十六　かもたいの子
					十七　せいごはまくり折台七献め
盃頂戴	進物進上	中酒ナシ			翁付14番の能謡

く、この宴会には主客とも驚くべき忍耐力が必要だったにちがいない。夜を徹した宴会は翌朝になってやみ、午前十時ごろ主君の帰還で無事終了となるのが、御成という儀礼の典型的な形式であった。

本膳料理・その後

最後に、本膳料理の特質とその消長を簡単にまとめておこう。その機能はやはり御成の儀礼に象徴されるように、主従の御恩と奉公の関係を確認するための食事という点にあった。したがって主従の関係、あるいは家臣の地位を料理によって視覚的に分別できるように、膳の数、膳の形式でランクづけができるようになっていたのである。それは家臣の側からいえば、二汁五菜を守るとか、一汁三菜を守るといった、己の分にふさわしい料理が選ばれるという意味で、分限思想の表現としての機能ももつようになったといえる。

本膳料理が主従の契約という儀礼の中におかれる料理であったという性格は、結果として本膳料理の形骸化を招くことになった。それは饗応の華美を展示することに主眼がおかれ、見るための料理となって本来の食べる料理の部分が軽視されたことによる。つまり数多くの膳に、平面に羅列された大量の料理は実際には食べることのできないもので、別に袱紗《ふくさ》料理と称する食べるための料理が用意されたほどである。そのことを、ロドリゲスは『日本教会史』のなかで、本膳料理はあまりに形式化してしまって、単に眺めるためのものになってしまったと記している。徳川秀忠・家光父子が後水尾天皇を二条城に迎えるといった最も厳重な儀式の膳組みでは、相変わらず見せるだけの豪華けんらんたる本膳料理がならんだようであるが、それでも江戸時代に入ると、実態はやはり実用に向けて少しずつ簡素となっていった。

元禄九年（一六九六）の序文をもつ『茶湯献立指南』には、巻の一に「八月二十六日御成式正献立」が掲載されている。この式正の献立はもはや七の膳まではなく、三の膳で終わっているし、本膳に七菜も盛るということはなく、鱠《なます》と和え物だけで、次のとおりである。

〔御本膳〕
染付茶碗皿
御鱠　たい、きすこ《(鱚)》、さゝい、くり、せうか《(生姜)》、きんかん、うとめ、みかんむきみ
御汁　あつめ、こみそ、だいこん、さといも、くしこ、くづし、小しいたけ
御香之物　もり《(守)》口づけ、ならづけ、小なすひ
御食
南京中長直
御和物　くしあわひ細たち、かんひやう《(干瓢)》、むきくるみ、ごま山升《(椒)》みそ

図にすれば、図11に示すようなものであろう。御成といい式正といいながら、本膳料理は実用的なもてなし料理へと変わっていった。この場合は三の膳まで含めて三汁七菜、酒肴と

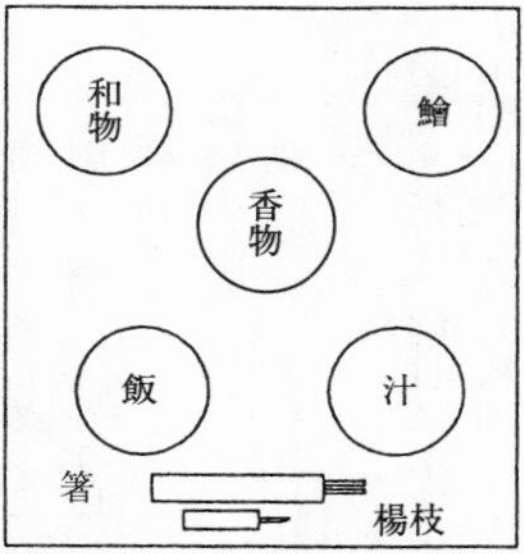

図11　八月二十六日御成式正献立の図(『茶湯献立指南』)

して七肴三吸物となっていて、三好邸の御成の八汁二十三菜に比べると、簡略化された違いがよくうかがえる。

こうなると御成といわずとも、ごく一般的なハレの本膳料理と変わることはない。たとえば、『江戸料理集』(延宝二年〈一六七四〉)の冒頭にある「たとへは二月何日之朝か晩か」という献立をみると、三の膳までに三汁十菜、三肴一吸物という構成で、多少の違いはあっても構造としては同じである。

ただし、違いがあるとすれば、これら江戸時代の料理書にのる本膳料理には式三献の次第がすべて省かれている点であろう。つまり、儀礼のなかの一部であった本膳が独立して献立を構成するようになったのである。

その一方、かつての御成では重要な位置を占めていた酒宴は、料理書の献立のなかに「後段」として残されている。やはり宴としては酒宴の部分を省略するわけにはいかなかったのであろう。『江戸料理集』の本膳料理の中の三の膳よりあとの料理に注目してみよう。「引而」とあって、膳はそのまま取りまわしの料理が続く。

木具敷かみ　一、かまぼこ　大板、塩山椒、やき鳥つくみ

大皿木具　一、向小鯛、かけ塩
なへ木具　一、熬鳥《いりどり》　鴨、松ろ
何皿　一、子籠　あさちかけて
大平皿　一、大煮物むし玉子、くしこ、つけわらひ、大梅干、つけ山椒

ここまで取りまわしの料理が五種出た。食事にともなう菜である。
これで、食事は終わり三の膳は下げられ、次に、

木具敷かみ、青くし、御肴　かはやき　山椒たまり　御吸物　小はまくり　山椒のめ
向ニ居《(すえ)》、三ト居かへる

とあって、ここからが酒肴になる。木具膳に敷紙をして青串をうった蒲焼と吸物椀が出て、吸物は三度まで替りが給仕された。次に、引用は省略したが、島台《しまだい》が出た。盃の土器一つがのり、取肴、引肴いろいろがでる。ここは酒宴である。そのあと「後段」として、まず餅が出た。続いて、山の芋餅、麩餅等が「向ニ居、二ト居替ル」とある。したがって、後段といってても座を変えずに、後段の餅を据えたというわけである。もっとも、この後段はかなり変型した後段で、砂糖をかけた餅ばかりなのでデザート風である。

以上のように御成の儀礼とともに完成をみた本膳料理は、武家儀礼としては旧態を残すも

のの、むしろ一般的なハレの饗膳として実用的なスタイルを確立していった。その内容は、膳の数としては三の膳までで三汁に対して十菜程度の料理が並び、そのあと酒肴として肴と吸物がまた数種類出て、このなかに後段としての酒宴を含めるか、あるいはさらに後段を付すか、いずれかの方法がとられている。献立の構造としては飯、汁、香の物、菜、吸物と肴をもって基本型としていることに変わりはない。

元文四年（一七三九）に記された『献立懐日記』の二月四日の条をみると、ごく一般化した本膳料理の様相がうかがえる。次に引用しよう。

〔二月四日　弥印亭〕

　鱠　きくらけ、にんしんせん《(繊)》

　　　唐くらけ、九年母　　　　汁　かも、よめな、かわ牛蒡

　坪《ひら》　あか貝、こほう、きんなん《(銀杏)》、みそ

　香の物　　　　　　　　　　飯

ここまでが本膳で、膳の向こうに坪椀《ひら》と鱠皿が並び、香の物が中央に置かれて手前に飯と汁が並んだ、と考えておきたい。次は二の膳である。

二ノ膳

二ノ汁　鯛すまし
指身　鯉子つき、うとせん、松のかいしき《(掻敷)》、いり酒、ちよく《(猪口)》
煮物　くづし、かわたけ、大くわゐ
ちよく　うち、青あへ

ここまでが二の膳で、本膳と合わせると、二汁五菜。これが江戸時代の最も基本的な二の膳付きのもてなし料理である。この日記によると、ここからさらに取りまわしの料理が出て酒宴の酒肴に続くのだが、それは省略しよう。

このように本膳料理は武家式正《しきしよう》の料理として定型化された。庶民の間ではそれを模範にもてなし料理としての「二の膳付き」という様式が定着することになった。二の膳がつくということは汁が二種つくことで、別のいい方をすれば上にみたような二汁五菜の料理ということになる。江戸時代にはこれが城中でも宮中でも、家臣、廷臣に下される標準の料理であった。これがさきに述べた袱紗料理であり、江戸時代の料理屋における会席料理もここから発展した。

さてその内容をみると、飯、汁、菜、香の物という四点よりなる日本料理の基本型がそなわっている。あとは汁と菜の数の増加にしたがって膳の数が増えるという形式で、これも今日までかわっていない。つまり、本膳料理は姿をかえながら、つい最近まで日本料理の基本として命脈を保ってきたのである。それが生命を終えるのは、第二次世界大戦以降のこととしてよいであろう。

三　精進料理

精進料理の成立

本膳という言葉の初見が、精進料理の語であったことは前に記した。精進ということは古代にさかのぼるが、料理の様式として確立するのは室町時代の本膳料理とほぼ同じ時期であった。そこでまず精進の前提となる日本における食のタブーについて検討を加え、精進料理の歴史をたどることにしよう。

日本における食のタブーは宗教的なものと民俗的なものとがある。肉食の禁止を宗教的タブーと考えるか民俗的タブーと考えるか。かつて日本人は肉をよく食べていた。しかし、食べる肉と食べない肉の区別があった。これは民俗としての食のタブーとみるべきである。これに対して精進料理は、仏教の殺生戒にもとづく食のタブーとみるべきだろう。そこでまず民俗としての肉食の禁についてふれておく。すでに原田信男氏の研究などによって明らかなとおり、古代以来、日本人はけっして肉食をしなかったわけではなく、中世までは獣肉の食用はかなり一般的であった（原田信男『歴史のなかの米と肉』、平凡社、一九九三年）。

肉食の禁についていつもあげられるのは天武天皇の詔（『日本書紀』天武四年〈六七五〉四月十七日）であるが、その中に牛・馬・犬・猿とともに、鶏の食用の禁が含められている。平安時代以来、数多くの絵巻物にも鶏が描かれているが、群をなす鶏はいない。つまり時を告げる家禽としての鶏は飼われているが、食用として大量に鶏が飼われることは古代・中世にはなかったのである。鶏の食用は桃山時代まで時代が下らないとおこなわれない。卵も同様であった。つまり獣肉に限らず、日本独特の肉食の禁忌習俗があった。

このような肉食の習俗の背景には、日本人のウチとソトの区別意識が大きく働いていたと考えられないだろうか。たとえば鶏（ニワトリ）は「庭」の鳥、つまりウチの鳥なのである。これは二〇世紀になっても、鶏を食べる時は、家の鶏ではなく他家の鶏と交換して食べた、という報告がある（成城大学民俗学研究所編『日本の食文化』岩崎美術社、一九九〇年）。ウチにある鳥獣、すなわち鶏や牛、馬、犬、猫などは「ミウチ」であるために食べないが、野にある野鳥、猪、狸等々はソトの存在であるがために食用して一向さしつかえがなかったのだろう。

このような肉食の禁忌習俗とは別個におこなわれたのが宗教的なタブーである。しかし仏教におけるタブーと神道の世界ではまた別である。古代の天神信仰の中に殺牛儀礼があったように、神さまの世界はなまぐさい。現代の神饌をみてもわかるように、魚鳥はふんだんに登場する。ここではタブーはもっと特殊な様相を呈している。たとえば、春日大社であれば、鹿は神格であるから鹿の肉を食べることは絶対にない。あるいは、東大寺の手向山八幡の氏子は、鳩が神の使であるから鳩は食べない。八幡信仰をもつ人々にとって鳩のみならず鳥の肉はタブーである。たとえば桃山時代の東大寺門前に住む塗師松屋久政の『松屋会記』をみていると、細川三斎の茶会で、他の客には鳥の汁が出たのに対して、松屋久政一人だけ、他の人とは別の鯛汁が出たことがみえ、久政が手向山八幡の氏子であることを知っている細川三斎の配慮があったことが知られる。

精進とはこのような個々の宗教的規制に従った、ある種の食べものを忌むタブーをさしているのであって、単純になまぐさの入らない料理とは規定できない。仏教修行に精進するうえで、最低必要な食事が精進料理であって、何を禁じ、何を許しているかは別の問題であった。

日本で、仏教の影響下に寺院の食事としての精進料理が成立したのは事実であるが、それが社会的な広がりをもったとき、タブーとしての精進よりもう少しゆるやかな意味あいをもっていたように思える。

平安時代の文学に精進が「さうじもの」といった言葉で表されることはよく知られている。『枕草子』に、

思はん子を法師になしたらんこそ、心ぐるしけれ。ただ木のはしなどのやうに思ひたるこそ、いといとほしけれ。精進物《さうじもの》のいとあしきをうちくひ、（以下略）

という文脈で、子供を法師にするのはかわいそうだ、として、その理由を「精進物のいとあしきをく」うことに結びつけている。いいかえれば精進物とは粗末な料理の謂だったのである。後代の解釈であるが、『倭訓栞』（谷川士清著、一七七七―一八八七年刊）に、

野菜海草の類を精進物といふは古き語也。（中略）精進の語は、もと美食せざるをいへり。今魚肉を食はさる事とするは、仏氏の意也。

とあり、精進とは美食せざる素食《そじき》の謂であるとすれば、精進に対する言葉は美物《びぶつ》であって、この美物の料理が魚鳥を主な素材とする贅沢なものであった。

精進がなまぐさを避けるというより、むしろ粗末な料理という意味あいを含んでいた段階から、進んで野菜料理の称になったのは、平安時代も末期のことであったろう。一一世紀初に成立の藤原明衡著『新猿楽記』に登場する食道楽の女は、好物の名前をあげる中で、

精進ノ物ニハ腐水葱《くだしねぎ》、香疾大根《かはやき》、舂塩辛《つきしおから》、納豆、油濃茹物《あぶらこきゆでもの》、面穢松茸《みにくき》

と、精進物を列挙した。ここでは明らかに同文の前半に登場する鯉の丸焼などの魚鳥の料理に対照させながら、当時の野菜料理をさしている。ただし、その内容は、むしろ戯画化された仮想の食とか悪食に近いもので、これを精進の実態とみることはできない。それにしても野菜料理に手のこんだ工夫がほどこされるようになったことは間違いなかろう。

問題点を整理しよう。寺院生活のタブーに規制された食法として出発した仏教的な精進料理は、そのはじめ、美物と称する魚鳥料理からみれば粗末な料理であった。しかし、日本人

の独特の料理感覚は精進の主たる材料である野菜料理の妙を創造する。すなわち、そのとき精進は寺院生活から一般人の生活の場へ広がり、宗教的なタブー性を失って、みごとな野菜料理の別称として日常生活に定着したのであった。

野菜料理の妙とは具体的に何をさすか。私は「茹《ゆ》で物」に代表される煮物にそれをみたいと思う。焼くための道具に対して煮るための道具ははるかに得がたい。鍋や釜は庶民の生活の中で貴重品であった。だから古代の料理を儀礼的に形式化して残した大饗の料理をみればわかるように、そこには汁をたっぷり含んだ煮こんだ品は少ない。そのほとんどが焼いたもの、あるいは乾燥食品をうすく削ったもの、あるいは生物《なまもの》である。しかも、これらには味付けがない。手前におかれた小さな皿に塩や酢、醬《ひしお》などが用意され、これにつけて各自味付けして食べたと思われる。

このような古代の料理の伝統からみれば、茹で物はまさに新しい料理であった。十分に味付けのされた汁で煮こまれ、その湯気をたてているところを熱いままに食膳に運ばれる料理が、まさに精進料理という世界を通じて登場してきたのであった。

精進料理が煮る料理を発展させたこととならんで、注目すべき結果を残したのは、細やかな舌の感覚ではなかったか。平安末期には「すり鉢」が庶民生活の中に入ってきていた様子が絵巻『病草紙』（一二世紀後半成立）の中にみえる。足ですり鉢をおさえながら、何かをすっている女が描かれており、胡麻や豆を細かにすりつぶし、そのやわらかな口当りが喜ばれたであろうと想像される。さらに古代末期以降の石臼の普及は大量にすりつぶすことが難しかった小麦と大豆の利用範囲を広げ、小麦粉の文化である麵類を、大豆文化の豆腐や湯葉を精進料理の中核に押しあげた。

中世以来、京都の寺院の隆盛は七堂伽藍の結構もさることながら、その内部での僧侶たちの生活をいちじるしく向上させたにちがいない。その結果、かつての粗食の精進料理は一変して、限られた材料で贅をこらした料理が試みられるようになる。平経高の日記『平戸記』の中に、聞信という僧がことごとく精進物でつくった魚味を土産にして人々を驚かせた話がみえる。精進物を使いながらかたちを魚鳥に似せるとか、味のうえで魚鳥を思わせる料理が工夫される。後世の雁《がん》もどきに象徴されるような「——もどき」といわれる魚鳥に類似した味わいが巧妙に創造されていった。

室町時代に多く書かれた往来物といわれる手紙形式の教科書をみると、精進料理がいかに多彩な展開を示したかよくわかる。今日では内容があまり判然としない料理もあるが、その料理の種類は多い。たとえば汁をとってみても『庭訓往来』(室町初期の成立か)には、

御時《(斎)》之汁者、豆腐《とうふ》羹《かん》、辛辣羹《しんらつかん》、雪林菜、幷《ならびに》薯蕷腐《じようよふ》、笋羅蔔《しゆんろふ》、山葵寒汁《わさびひやじる》等也

と、仏寺の正餐である斎《とき》のさいに供される汁をあげている。当時、禅宗を通じて渡来した中国風料理の一つである豆腐が和風化されて人気があった様子が、まず第一に豆腐汁をあげているところからうかがえる。雪林菜もおから汁とみてよい。薯蕷腐はとろろ汁、笋羅蔔は竹

の子汁である。

『尺素往来』(成立年不詳、室町中か。引用は寛文八年版本による)がのせている精進料理はさらに多い。

当日ノ早晨之粥汁者《ハ》、蕨、大菽《マメ》、同菜者《ハ》炙《アブリ》和布《メ》、炙昆布、唐納豆、醤瓜《ミソウリ》、烏梅《ウバイ》幷唐納豆之内両三種、焼香了、点心者《ハ》先点二集香《シユウキヨウ》湯一而後、砕蟾糟《すいせんそう》、雞鮮羹、猪羹、驢腸羹、筝羊羹、海老羹、白魚羹、寸金羹、月鼠羹、雲鱣羹、甚鼈羹、三峯尖、碁子麵、乳餅、巻餅、水晶包子、砂糖饅頭、餅餡餛飩《ホウトウ》等。又索麵者《ハ》熱蒸、截麵者《ハ》冷濯、不可過此等候、

この中には、どのように考えても精進と思えぬものもあるが、さきの「雁もどき」のように、精進もので魚肉の味や姿を思わせる料理法が珍重されたのであろう。

さて具体的な精進の発達は本膳料理とともにあった。『蔭涼軒日録』等にも料理内容はないが、七菜をこえる料理の記録は多い。禅宗の儀礼のなかで精進料理の体裁がととのえられてきたといえよう。禅宗における精進の一例をみてみよう。まず禅寺の斎《とき》として、天正九年(一五八一)に大徳寺真珠庵でおこなわれた一休宗純百年忌の記録(真珠庵文書)を図12、図13に掲げる(森末義彰、菊地勇次郎『食物史』第一出版、一九五三年)。

これは禅寺の食事として正式のもので、二部に分かれており、前半は〔湯〕、後半が〔斎〕である。湯はいわゆるおしのぎの薬湯であり、斎が正餐である。菜は手塩を加えて七

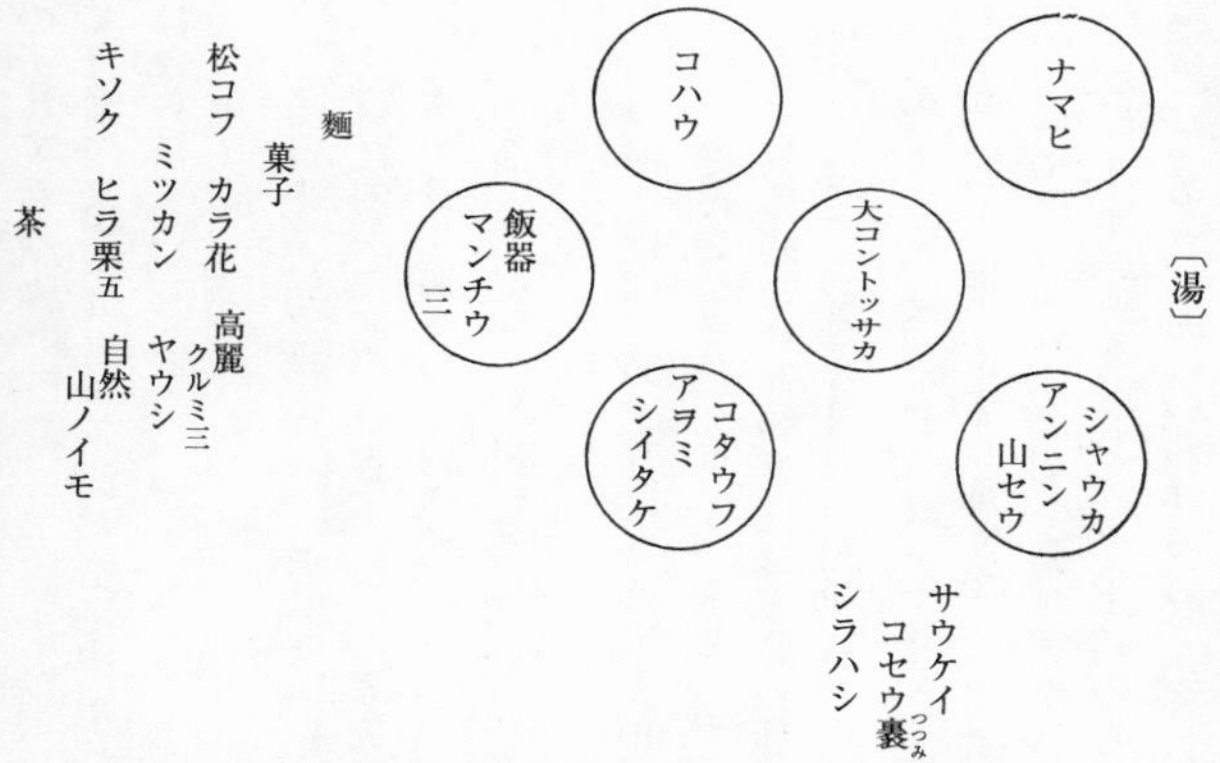

図12　一休宗純百年忌の精進料理〔湯〕（大徳寺真珠庵）

つで、七の菜の膳にあたる（菜を数えるときは飯と香の物と汁は加えないのが原則）。七菜に対して、汁は二種。膳についていた汁とは別に冷汁が出た。冷汁は内容が記されていないので判然としないが、一方の汁は野菜をこまごま入れた集汁《あつめ》である。さて菓子に眼をうつすと、やはり七種。山芋、胡桃、熟柿、昆布、大栗、麩、これに飾りのひねり花を一種と数えている。この献立は今から約四百年前のものであるが、様式としては今日もほぼ維持され、現代の大徳寺開山忌の膳組みを一休百年忌の場合と比べると、冷汁と手塩がないだけで、基本的にはその様式をそのまま残している（本来、菓子・酒は別の献立なので膳組みとしては比較する必要がない）。

　大徳寺開山忌の膳組みを次にあげよう。

斎作法

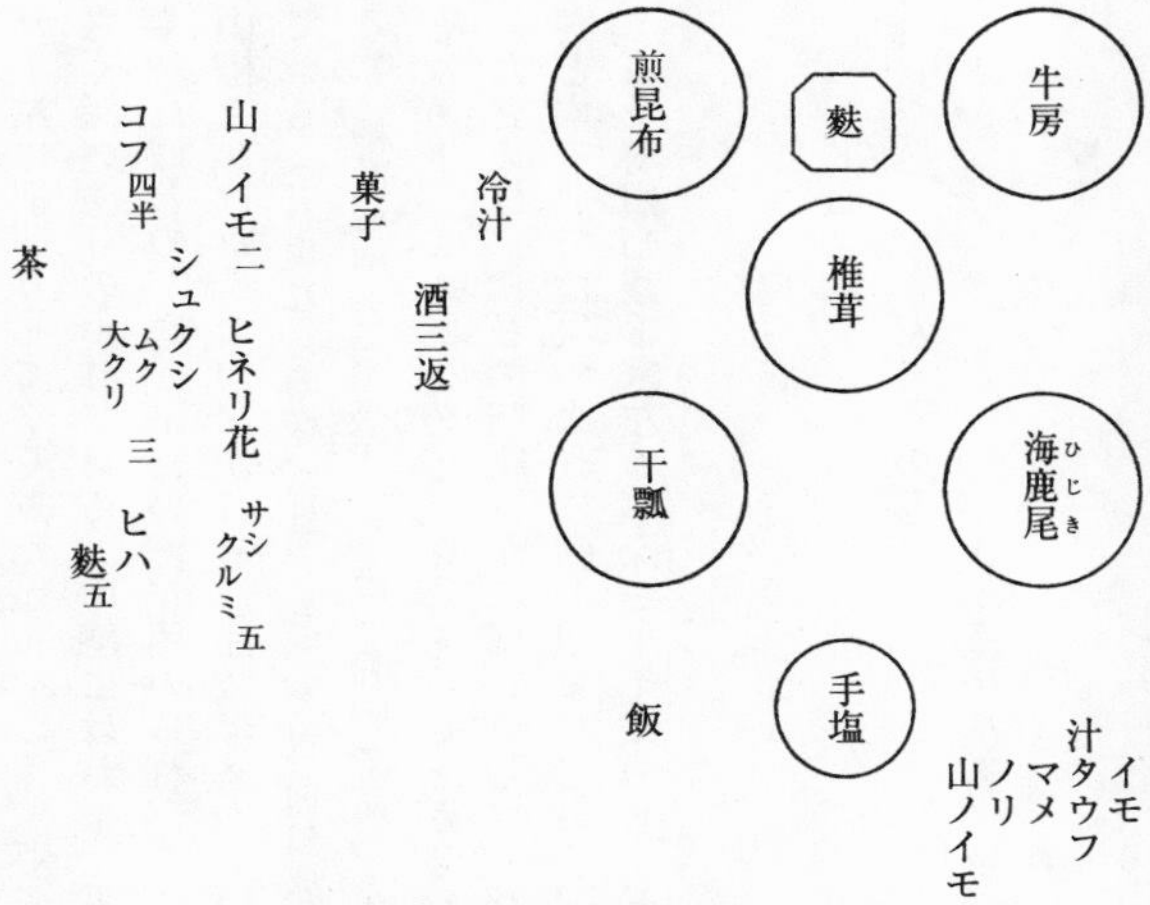

図13　一休宗純百年忌の精進料理〔斎〕（大徳寺真珠庵）

楪子　白和　蒟蒻　琉球芋
汁　千切大根　小芋　豆子　大根茎
中盛　山椒　水菜　焼豆腐
楪子　細切昆布
散飯
薄茶　菓子　昆布二枚

楪子《ちゃっ》は木皿ともいい、浅い塗りものの皿。これを向こう左右に二つおいて、右に蒟蒻《こんにゃく》と琉球芋の白和《あ》えを盛り、左に細切りして辛く煮た昆布をおく。豆子は厨司とも書くが、いわゆるつぼにあたる小さく深い塗りの小鉢である。中盛にはお平（平椀）といわれる、木皿の縁のたちあがりを深くしたほどの、底の平たい椀が用いられ、ここに焼豆腐を煮て上に水菜の炊いたのをのせ、山椒をかけたものがおかれる。品数は減っているが、ほとんど同様の料理が四百年間も続いている（天正九年の様式は、もっと以前に成立しているわけであるから、四百年以上である）。精進料理の様式がそれほど強固であったので、茶の湯の懐石のなかでも、精進の懐石となると、この膳椀の形式にならうことが多い。

たとえば、懐石の膳組みがほぼ完成していたと思われる一八世紀中期の茶会でも、僧侶を客とする会では次のように膳が組まれている。

表千家如心斎千宗左の享保二十年（一七三五）十月二十三日の精進の懐石は、

揚豆腐　　たゝき菜
平皿　水菜　　汁　しいたけ
さんせうのし　　うと
豆子　香ノ物
大根しろあへ
楪子　セリ焼
吸物　　食（飯）

菓子　ゆ（柚）　わらひもち

とあり、平皿と楪子を向うに並べ、中盛は省略されているが豆子に香の物を入れ、飯と汁を配する四椀形式となっている（『不審庵茶会記』）。

料理の内容は歴史とともに発展し変化するが、様式としては本膳料理と同じく、精進料理も一六世紀にほぼその体系を完成し固定化へ向かった、といえるだろう。

南都の精進料理

古い伝承を今日に伝える精進料理として著名なのは南都奈良東大寺の結解《けっけ》料理である。結解というのは結解《けちげ》の転訛で、中世の荘園で一年間の収納が決算されることを意味し、その報告書を結解状という。この場合は、東大寺という大荘園領主の総決算。年貢の収納はもっとも大切な行事の一つだから、今年も無事に年貢が納まったと僧侶たちが喜んで開いた宴会の料理が結解料理なのである。

現在、東大寺でおこなわれている結解料理の実際をみることにしよう。その献立の次第は表2のとおり。かなり複雑なものだ。会場となる座敷には左右対称に偶数の人数がすわる。正面には地主神である手向山八幡を描いた屏風がたてられ、棒の物といわれる錫徳利が三方の上にすえられる。徳利の口に奉書を棒のように巻いたものがさしこまれているので棒の物

表2　結解料理御献立

初献
一、棒の物　一対
一、二の折敷　豆子　菜酢味噌合
　　椿皿　弐石五斗
　　猪口　白砂糖
　　四ツ目碗　小豆餅
　　三ツ目碗　揚豆腐胡椒かけ澄汁
御替　御重　小豆餅
　　御酒　銚子
御肴　御重　氷豆腐
　　御酒　銚子

二献
一、一の折敷　木皿　堂の峯梅干芥子
　　四ツ目碗　素麵だしかけ
　　胡椒包

である。いわば手向山八幡の神様との神人共食、直会《なおらい》の趣きもある。

給仕はすべて二人一組で、二列に向いあった客の間を、左右等分にサービスしながら往来する。「初献」は棒の物のお酒を土器で頂戴する。神酒であり、かつ酒礼の式三献にあたるのであろう。だから初献の間は厳粛に、二献以降は談笑が許されるというわけである。

一の折敷、二の折敷は順番ではなく折敷の大きさを示すものであろうか。まず初献の折敷には朱塗の皆具。説明が必要なのは椿皿の二石五斗。これは奈良漬を長さ三センチメートルぐらいに切り、人さし指大の太さに丸く削ったもの。米の五斗俵にみたてて五本を井桁に組み、五斗が五つで二石五斗である。

四つ目椀には小豆餅が三つ入っている。

御替　飯櫃　素麺
　御酒　銚子
御吸物　御坪　煎餅麩針生姜
　御酒　銚子
御重　薩摩芋揚物
　御酒　銚子

参献

一、二の折敷　木皿　浅草海苔
　椿皿　陳皮
　平椀　水仙胡桃だしかけ
御吸物　三ツ目椀　椎茸　又は松茸
　御酒　銚子
御肴　御重　酢蓮根
　御酒　棒の物
一、御菓子　縁高　紅白朧饅頭　結昆布
一、抹茶

甘いぼた餅三つはかなり胃に重いが、これを食べてしまうと御替御重という小豆餅のおかわりが出てくる。しかも甘い小豆餅の上からさらにたっぷりと白砂糖をかけてくれる。これは中世とはいえまい。むしろ近世の贅沢のきわみであったのだろう。

「二献」とはいいながら、これは二の膳である。ここは素麺と酒という趣向。だいたい本膳料理もふくめて中世の料理には汁物が多い。続いて吸物にて一献という形である。アルコールをとると脱水症状がおこる。だからのどがかわく。適当に水分を補給しながら飲むのが酒の上手な飲み方のようだ。

　結解料理でも実に汁物が多い。初献で揚げ豆腐に胡椒かけの澄まし汁、二献に素麺のだしかけ、さらに麩に針生姜の吸物、三献に水仙（水繊）と胡桃《くるみ》のだしかけ、松茸の吸物。以上汁物が五種ならんだ。正確には汁は一種で吸物二種、だしかけ二種であるが、中世の献立には最高で八汁というように汁はしばしば登場した。

「三献」に移る。

浅草海苔は海のもの、陳皮《ちんぴ》は山のもの、というわけで海と山の珍物をならべた肴。中世の献立そのままの水仙があらわれるのがうれしい。今の説明は水仙の根をすってこれに葛を加えたものとされるが、葛切りの本義が文字に引きずられてわからなくなってしまったのだろう。葛を溶いて湯煎し、葛の薄皮をつくって繊《せん》切りにしたのが水繊で、『喫茶往来』にも「水繊、酒三献」と出る。繊の意味がわからなくなったから、音通で水仙になっている。繊切りなのだから本当はもっと細いのではないかと思うが、今は幅三センチメートルぐらいの帯状の葛が二枚入ってだしがはってある。

量的にはとうてい現代人には食べきれないほどの料理、しかも甘いものはさらに甘くする贅沢さ。量も質もたいしたものであるが、面白いのは、魚、肉を模したいわゆる「もどき」がどこにも姿をみせないことである。あの往来物のなかに羅列されたさまざまの魚や肉風のあつものはどこへいったのだろうか。

それにしても不思議な料理である。本膳料理の形式のようであるが飯が出ない。かといって、式三献の変型かとみると、四椀形式の精進料理の形式はとっている。本来の本膳式の精進（中酒付き）が、ある時期から酒宴風の形に変化して今日伝わっているのが、結解料理ではないかと思える。

奈良興福寺の子院の多聞院に英俊という僧侶がいた。彼の日記『多聞院日記』は桃山時代の記録として貴重なものであるが、食文化の史料も多く含まれ、すでに幾多の研究材料に使われた（日記には一部英俊以外の僧の日記も含まれる）。多聞院英俊の出自等については判然としない。永正十五年（一五一八）に生まれ、文禄五年（一五九六）正月に没した。七十九歳であった。日記は天文八年（一五三九）からはじまり、日記が途絶える文禄四年の年末の歌に、「八十に二つたらさる年越て、また立春を待そはかなき」とあるので、この歌をつくった一ヵ月後には没したことになる。

日記中には食品の記事が多く、また唐ミソやミソ作りの様子や材料の分量なども記載がある。永禄十二年（一五六九）二月七日の条には粽《ちまき》の作り方が詳しく記されており、

米ヲコシキ（甑）ニテ酒飯ノ様ニムシテ打上、桶ニ入テ、ヒタ〳〵ニ少アマルほと湯ヲ入テ、カヰコニシテ、ナマナル麦ノモヤシヲツキ合テ、ヌノ袋ニテコシテ、米ノシルノアルホト同汁ヲ入テツキ、シホリ〳〵五・六度シテ、カスニ米ノケノナキホトツキシホリテ、釜ニ入テ火ヲヨワウシテネル也、

と、まだ続くのであるが、麦芽の使い方などなかなか詳しい。そのあたりのことは吉田元氏も言及しておられる（前掲『日本の食と酒』）。

また食べものをめぐるまじないの記事もある（永禄十一年〈一五六八〉五月二十一日の条）。

一、串柿ヲ久ク置ニ虫クワヌ様、冬ノ寒夜ノ霜ニ一夜ソトヲキテウタセテ置、上〳〵、

これなどはまずまず科学的根拠もありそうだが、

一、サウメンノ久ク置ニ、カヒテクサルニハ、上ニ樒《シキヒ》ノ花ヲ一フサヲ置《オカ》ハカヒス、上〳〵、

となると、いささか眉つばものだ。その他、うどんの粉を腐らせぬには鉄を入れておくとよい、あるいは納豆（大徳寺納豆のようなものであろう）が湿気を含まぬようにするには、塩を焼いて熱いときにまぜるのがよい、などなど、いかにも寺院らしい言い伝えがメモされているのも面白い。

さてかんじんの食事献立をみよう。まず奈良の町奉行や春日若宮の神主など五人が、多聞院を訪れた際の丁重なもてなしの献立である（天正七年〈一五七九〉三月九日）。

ウト、ハシカミ
クルミ　トツサカ
コハウ　アエマセ　ミヤウカ　シル ワラヒ ヰモ
タウフ　イワタケ
クリ
引シルメタ、ミ
カラミ酢
○ナマ椎茸
二ノセン　ニコフ　タウフ
スイキ　ナシ
アヲノリ　○サカシヲ
イリコフ
菓子五種　ミノ柿二　ミカン　イリモチ　ユスアメ　コフ
中段　ヤウカン　スヰモノ　ヒラタケ
山ノヰモ
後段　小ツケ　アヲソハ
ムスヒカンヘウ

カキワラヒ
シル　ヌキ大根　引シルフ　山ノヰモ
終ニ　シラカユ

これが当時の典型的な精進の饗膳である理由の一つは、形式が初、中、後の三段のかまえになっていることである。初段は通常の食事、中段はちょっとした息抜きとでもいおうか。簡単な肴で酒がでる。後段《ごだん》はお腹もすいてくるだろうから、空腹をいやすような軽食と酒というしめくくりの酒宴である。

まず初段の「一の膳」（日記文中には一の膳とは書いていない）にクルミとゴボウと豆腐が向うに並ぶ。これを一つの料理として見るならば、豆腐にすりおろした胡桃をかけ、脇に牛蒡を添えているのだろう。次のアエマゼの下に記されている材料がすべてアエマゼの具と考えてよい。したがって、膳の向うに二菜が並び、手前に汁と飯が並ぶ。汁はわらびと芋。飯の文字は自明のことなので書いていない。

一の膳には引汁がついた。わらびの汁は汁椀に盛りつけられて膳とともに運ばれたのに対して、こちらは鍋などにいれたまま運びだして取りまわしたのである。メタタミというから蓼《たで》の芽ばかりを入れた汁なのであろう。『日葡辞書』に「ただみじる」として「タデと呼ばれる草とミソで作った冷たい汁」とある。もっとも他の献立には「コフ、タ、ミ」などもあるから蓼汁に具としていろいろ入れたものもあったのだろう。

「二の膳」にうつる。煮昆布、芋茎、青海苔、煎昆布がどのようにならんだのかわからないが、どうもこれで一皿ではないかと思う。「ナシ」という所にスイキとイリコフの線が引いてある。あるいは書きとめたものの勘違いで、ズイキとイリコブは出なかった、ということでもあろうか。下の二つの丸印はやはり容器の位置を示し、右は辛みをつけた酢をそえた生椎茸と豆腐、左に手塩皿に酒塩。膳は二の膳で終っている。もちろん、三の膳までつくことも多かった。菓子は五種。だいたい五種が多く、七種、九種と奇数で増やした。

菓子についていえば、文禄三年（一五九四）末に児《ちご》に贈った菓子折のなかみは、

クリ、カキ、イリタウフ、コンフ、サクロ、イリモチ、ミカン、イリコフ

とあって、あまり菓子らしからぬものもあった。これを天正五年の年頭にあげる「肴」の一覧と比較すると、肴とはいいながら、ほとんどが菓子と重なる。因みにあげてみると、

ミカン　ハス、柚ナシ、ウト、ザクロ、キンカン、コフ、トコロ、山芋、カキ、橘、シイタケ、タウフ、クリ、フ、アマノリ、クワイ

菓子すなわち茶の子は肴とほぼ一致する。つまりデザートとして食べれば菓子、酒の相手

として食べれば肴であったのだ。

中段は息抜きといったが、場合によっては座もかえたようだ。一例をあげれば、同じく奈良の茶会記の『松屋会記』では「二階南ノハシニテ」中段をおこなった、とある。見晴らしのよい二階の縁側で一服という趣向であろうか。さてもとに戻って、肴が羊羹、といって中国風のあつものではなく、薄甘くしたウイロウ風のものではないか。もちろん酒の肴である。これに吸物がつく。ここで一献というわけだ。

すでに宴会がはじまって相当の時間が経過している。これは日中の宴で、何時に終ったかは書いていないが、もうそろそろ夕方になっているはずだ。ここで酒宴に移るのだが、やはり腹の足しになるものが必要で、後段は小漬けに汁、さらに引汁、最後に白粥が出て終る。

これは小人数の宴会であるから給仕も配膳もていねいで複雑である。おそらく最も贅沢な献立の一つであろう。これが大人数の宴となると簡略となる。天正十年（一五八二）十一月二十五日の会は寺僧八十名を饗した会で、献立は次のとおり。

初コン、サウニ、赤飯、二コン、サウメン、引ソエ　山芋 シヰタケ、フ 三コン、スヰセン、ケンヒン、マンチウ本式、編粽《チマキ》、菓子　六カクノクキヤウ、カウタケ、

雑煮は初献の肴としては定番である。雑煮のなかみには、イモ、コンニャク、大コン、ゴボウ、マメなど野菜だけであった。二献に索麺《そうめん》がでるのは、さきの結解料理と同じ。引ソエ

は取りまわしの添え肴である。三献というから三の膳まで出たわけで、水繊と巻餅《けんぴん》、饅頭。巻餅は小麦粉のクレープ。なかに味噌を塗ったというから後世の麩の焼と似たものかと思う。六角の公饗《くぎょう》は三方の窓をあけていない台で、これに菓子の革茸を盛っている。

この大宴会は、饗膳と酒宴が分けられていないさきの結解料理と同じスタイルで、はじめから酒が出た。したがって一般の宴のような中段、後段といった区切りがなかったのである。

以上、たくさんの献立のなかからわずか二例を紹介したにすぎないが、一方は本膳形式のていねいな小人数の饗宴、一方は大人数の酒宴をかねた宴会である。精進料理といってとりたてて珍しい料理があるわけではなく、内容としては平凡な印象をまぬがれない。

『多聞院日記』に時々ではあるが不可解な記事がある。精進に入らないのではないかと思える食べものの記事である。

永禄十二年（一五六九）七月三日の献立には汁として「クロトリ」がでる。文字は「黒鳥」か。しかし、この言葉は鳥ではなく干し蕨《わらび》のことである。あるいは天正五年（一五七七）六月二日の条には「鮎四十」が贈られてきている。天正七年十二月十五日の条の献立には「二献ケヰラン キソク（中略）引ソエヤウカン アカ、ヰ・ キシ引足、」とあって、赤貝、雉子の文字を何と解釈すべきかわからない。鶏卵は、精進では米の粉を水でこね、中に黒砂糖かあんを包み、金柑ぐらいの大きさに丸めてゆでたものという（松下幸子『図説江戸料理事典』柏書房、一九九六年）。

洞ヶ峠で日和見《ひよりみ》をきめこんだと悪評高い筒井順慶が、春日社に千石寄進したときのふるまいが、天正十年九月二十九日の項目に記されている。五十人ほど出座する大宴会であるが、そのなかの折敷の一つに「魚カン、アユ、雲月カン《ヤウカン》」とある。亭主は俗人だが饗をうけているのは法体であるからなまぐさがでるはずはない。このアユの魚羹は何か精進で作った料理とみるべきなのであろう。

文禄三年（一五九四）十月十日には、一乗院の門跡が来たので昼間からもてなし夕食を命じたところ、その献立は次のように記されている。

大シル　ムシリ物、セリ、シラカアイマセ、足打ニ　カサウフ、コン、シイタケ、小シル、タヌキ、
引物カン、コイ　クルミカケテ、イワタケ、

とある（傍点引用者）。どうみても狸汁である。

すでに川上行藏氏が精進料理にでる「ハンペン」のことを調べられている。文明本の『節用集』のなかに「白璧豆腐ノ異名其色白ハ如璧玉故云爾、半弁同」とあることから、はんぺんは豆腐から作ったものではなかったかと推定され、『日葡辞書』の「豆腐を炙った後、それを味噌で煮た一種の食物」とあるのを、その解として提出された（『つれづれ日本食物史』第一巻、東京美術、一九九二年）。それであれば『多聞院日記』のなかに「はへん」が多出してもよろしいわけである。

似たような例は「はららこ」という言葉についてもいえる。はららごは魚の卵である。よく「はららご汁」などとも出て、汁の一種とされている。ところがこのはららごが『多聞院日記』に多出する。この解決も『日葡辞書』によって得られた。同書には、「赤色で光っている葡萄の実のような豆」とある。つまり『多聞院日記』に出るはららごは、うずら豆のような豆の一種で、赤いところから魚の卵に見立てて呼んだことがわかる。又、狸も精進では、のちにはこんにゃくを指すようになる。『多聞院日記』の狸汁もそれに近いものだろう。おそらく、鮎の魚羹も、赤貝も雉子も、精進の何ものかなのであろう。もどき文化の盛んなる様子がうかがわれるところである。

四　食の作法

本膳の食礼

食事作法はすでに平安時代から種々あったことは、藤原忠実の『富家語《ふけご》』などにみえるところである。しかし本膳料理の盛んになる室町時代以降、一段と精細な作法の体系が生まれる。武家方の故実の複雑化と、僧侶における厳しい規律があいまって、近世以後の食礼を規定していくことになった。その具体的なあり方を検討しておこう。

とりあげる近世の礼法書は貝原益軒の『三礼口訣』中の「食礼」である（元禄十二年〈一六九九〉成立）。この近世の食事作法と、中世ないし中世末から近世初頭の史料を比較しながら論を進めよう。

まず冒頭に次のようにある。

> 食盤、俗に膳といふを出す前、座配の事、各まづ左右に一礼して後、位の高下を以て序《ついづ》べし、上客ならバ、たとひ相伴より位ひくきとも、座上につかしむべし、〇凡《およそ》座につくにハ、位の高下を以て各みづから序《ついで》をなすべし、辞譲に及ぶべからず、或親戚の会にハ、年の長幼を以てついでとす、時宜によるべし

膳の配置は隠れている社会関係（秩序）を眼前に現出することである。すなわち「位の高下」を表現することである。食礼の基本もまたここにあった。しかし高下には位（社会的に公認されたステータス）以外にもいろいろな要素がある。たとえば長幼、あるいは臨時の正客、次客といったランク等々。そうした諸要素を勘案して座配が決定された。

さて座配が決定すると順次その順番に膳が運びだされる。その時の膳の受けかたは、

亭主膳をすへバ、中にて受取て一礼すべし

とある。つまり、亭主が膳を持ち出すと、客の方から手を出して、宙で膳を受け取る。これは中世にくらべるとかなりくだけた礼法である。そこで、中世的な故実の一例として『通《かよい》の次第』（天正二十年写本）とロドリゲス著『日本教会史』との比較を試みよう。

まず『通の次第』では次のように記されている（大意を現代語に訳す）。

膳をすえる時は、座中に貴人が二人いらっしゃるならば、同じくらいに（二人で）膳を持ちだして、適当に見はからって貴人の前に行き、左の膝をつき、次に右の膝をつきざまに膳を下に置き、左手を（畳に）ついて右手で椀の蓋をとり、そうしてから少し膳を押し入れるかっこうをして少し退き、貴人に背中を見せないように半身になって立ち帰るべきである。

貴人の位にもよるのであろうが、基本的には客が宙で直接膳を受け取るようなことはなかった。これはロドリゲスの場合も同じである。次のように記している。

第一の食台すなわち食事をのせた盆が出はじめ、それが出はじめると一同は膝を前に出して坐る（正坐）。その時に給仕する小姓が上座にいる人たちから始めて各人の前に主な食台を置く。もしその家の主人の息子が、敬意を表わすために上座の主賓に食台を運んで来るならば、客人はその父親に向かって、その息子を食台につかせてほしいといわねばならない。そしてそのことを二度まで勧め、それでも父親が応じなければ、客人は見ぬふりをする。

ここでも膳は客の前に給仕によって据えられている。むしろ興味ぶかいのは、膳がでるまでくつろいでいた客たちが、膳がでる時だけかしこまったという点で、中世にはあまりないことである。

貝原益軒の時代の膳の受けとり方は、室町時代後期の食礼を記述していると思われる『通の次第』にも、桃山時代の後半の状況を記しているロドリゲスの『日本教会史』にも書かれていない。ところが、今日この礼法を守っているものに茶の湯の懐石がある。

懐石では、客は亭主が座中に膳をもってあらわれると一膝進めて待ち、亭主のさしだす膳を宙で受けとり、そのまま会釈する。貝原益軒の「食礼」のとおりである。いつから茶の湯でこうした礼がとられるようになったのかは不明であるが、こうした礼の前提となるのは亭主と客の関係が逆転し、高位の者が給仕をみずから担当することにあったのではないだろうか。

配膳する給仕が小姓のような存在ではなく、文字通りの貴人の亭主であり、かえって客の方が身分が低い場合、こうした作法がおこりうる。通常の身分関係を誇示する礼法ではありえないが、茶の湯という芸能は非日常の遊びであるが故に、役割と身分が倒錯した演出が生れた。たとえば天正二年、堺の商人津田宗及が美濃にいた天下人織田信長をたずねた時、驚いたことに信長は宗及に食事の給仕を信雄にさせた。あるいは、天正十五年に九州の博多から商人の神屋宗湛が大坂に来た時、豊臣秀吉はこれを手厚くもてなし、座敷の中央に座らせて大名の石田三成をもって給仕させている（『天王寺屋会記』『宗湛日記』）。

これは茶の湯という特異な場での礼法にちがいない。しかし茶の湯を離れても、さきの『日本教会史』の記述のように、主人の息子という貴人に近い者が給仕にでることは、一般の饗応でいくらもあったことで、その時は、遠慮した上で無視するか、あるいは恐縮の体を示すべく、客の方からそれを出迎えるような動作が生じても不思議ではあるまい。それが、元禄時代の武士一般の礼法として益軒によって語られているのである。

次は、中世以来微妙に変化しながら基本は守られている例をあげる。飯と汁と菜を食べる順番である。まず「食礼」では次のようにある。

飯《いい》、羹《しる》、菜《さい》、飯、羹、菜と次第して、幾度も喰ふべし、飯より菜に移るハあしゝ、菜より菜に移り、羹より菜にうつるも、みなあしゝ、本汁より二の汁にうつるもあしゝ、

明確に、飯、汁、菜の順番をくり返すことが要求されている。

『通の次第』では次の通りである。

ふだんの食事をとるべき（仕方の）こと。まず飯をとりあげ少しずつ、そっと二箸三箸すくって食べる。さて次にまず大汁を吸うのがよい。さて飯を二度ぐらい食べ、そのあと菜を食べるものである。この（菜を食べる）時は、精進の菜またはあえまぜ（膾）から食べる。

少し離れて移り箸の禁がある。

同じように、菜を食べる時、二種も三種も一度に食べるということは、昔から決してあってはならぬことである。（それは）移り箸といって大いに嫌うことである。

この場合、必ずしも、飯、汁、菜の順番は定まっていないが、菜より菜に移ることが禁じ

られ、精進の菜を先にして魚鳥をあとにすることが求められていた。

ロドリゲスではこうなっている。

飯と汁、その他、上品に、また器用に蓋をして出される物の蓋を取って、まず箸を右手に持ち、椀を左手に持ち、身体を正しくしてかがまないで、飯から食べ始める。続けて二口食べてからすぐに飯をもとの場所に返し、汁の椀を手にして、それ（実）を二口食べ、そして汁を少し飲んでから、再び飯を食べる。そして中央の料理、または汁の側の端にある料理、すなわち右手にあるものを食べてから、また飯と汁を食べ、それからすぐに別の端の料理を食べる。この順序は食べ始めに当って、二回まで守られる。

ここでは、飯、汁、菜の順番が明確で、ほぼ益軒の記すところと一致する。益軒はそこまで記さなかったけれど、はじめに二回この順番を守れば、最後までこの通りでなくてもよかったのだろう。この点はロドリゲスの記述が正確のように思える。しかし移り箸の禁止はもちろん最後まで守られたはずである。ただ一点不審なのは、菜の食べ方で、右手にあるものから食べるようにロドリゲスは記しているが、益軒の「食礼」では、「本膳の飣《さい》二つあらば、左の方にある飣より喰ふべし、若《も》し香物左にあらば、右の飣より喰ふべし」とあって、左の方より食べよ、と命じていることである。四つ椀で膳が組んである場合は、左手の向うに重い菜がくるので、益軒の方が当っているように思える。あるいはこの百年の間に食べ方の作法が変化しているのかもしれない。

ともあれ、ご飯を食べたらお菜へ、お菜や汁を口にしたらご飯へ、というごく最近まで（飽食の時代がくるちょっと前まで）生きていた移り箸の禁止は、室町時代にさかのぼる作法であった。

食事作法の一つに料理をほめる作法があった。「食礼」には次のように記されている（大意を現代語に移す）。

饗応のなかで、初、中、後の三回のお礼の言葉が入る。初めは料理がはなはだ立派であることをいい、中間には料理がとても丁寧であることをいい、最後にはすべてにわたって亭主の心配りが念入りであることをいうべきである。このほか、遠方からとりよせた名産のものを、それぞれ気を付けて感謝の言葉を述べるものである。

食事中に三回ほめるわけだが、その内容がすでに型となっていた。

やはりロドリゲスの著作にもこの礼辞のことが出る。

また招待された者は一度ならず二度までもその招待を褒める義務がある。特に上等の料理、すぐれた調理には、それに払われた努力ともてなしに対して感謝の意を述べる。すると、その家の主人は、役にも立たず、皆さんにふさわしくない物であるなどといって、必ず卑下する。

礼辞の数は二回で、この百年間の間に一回増加した。現代では、ほめることに節度がなくなり、やたらに何でもほめてよいようになっているが、六、七十年前までは、ほめることも含めて批評がましい態度をみせることには、強い抑制があった。貝原益軒が三回といい、ロドリゲスが二回といったのは、それ以上の賞賛は一種の世辞になるからであろう。

よく似たもののいいが、寛文三年（一六六三）に執筆された茶の湯伝書「逢源斎書」（『江岑宗左茶書』）のなかにある。

一　茶之湯ニ参、礼之事、根本ハ初と終と二度ニ而《て》すミ申候。織部時より茶之時礼致し候、けいはくニ成候、但、今時分、礼不致候へハ、不礼之様ニ成候、尤貴人、高人ハ各別之事也

茶会でも、利休の時代には、初めと終りの二度礼を述べればよかった。ところが古田織部（利休の弟子）になって、茶がたてられたところでもう一度礼をするようになったのは、誠に軽薄なことである。しかし今では、礼をしないと不作法であるかのようになってしまった。この江岑宗左が述べたのとほぼ同様の動きが、貝原益軒の「食礼」のなかにもみえるのである。

鬼役ということ

主従といえども下剋上の時代にあっては、時として心を許すことのできない関係におちいった。敵味方が同席する宴会のような儀礼的な席は、暗殺の危険がともなうこともあった。そうでなくても緊張感のはりつめた儀礼の席であるから、少しでも暗殺の不安をとりのぞくために、毒味役がおかれた。それを「鬼役」といった。

さきにも引用した「逢源斎書」は、紀州徳川家の茶頭役をつとめた表千家四世江岑宗左の著であるが、そのなかに次のような一節がある。

こい茶之跡を亭主のミ申事、心持在之事、亭主こい茶のミ申候上ハ、いらさる事也、貴人なと申請候てハ、おにの心持也、

濃茶をお客が飲んだあとで、その残りを亭主が飲むことがあったという。亭主も一緒に飲んでいればもはや必要ないことであるが、客が貴人で茶碗を共にしないような場合は、別の茶碗で茶の残りを飲む作法を心得ていなければならなかった。その心得を「おにの心持」といっている。この点を最初に指摘されたのは久田宗也氏である（「わび茶二十章」『茶の湯』保育社、一九七八年）。

「おに」というのは要するに毒味である。戦国を遠く離れた一七世紀の中期では単なる形式

化した心持になっていたが、かつては必要な仕事であった。この「おに」の語源について「お煮」にあてる説がある。「御煮嘗《おになめ》」とか「御煮喰」という試食の係がいた。

大坂冬の陣のとき、伊達政宗が徳川家康にすすめて、戦陣での食事に用心を加える必要を説き、「おにとり役」を設けさせ、それがのちに徳川幕府の御膳奉行になったという。

大坂冬の陣は慶長十九年（一六一四）であるからそれほど古いことではない。煮物だけが食事ではないのに、「御煮取り役」というのもおかしい。おにというのは別に語源があろう。

戦国期の作法書『風呂記』には、貴人に酌をするときの心得として「鬼呑」という言葉がでる。

鬼呑を申事候ハヽ、左の手の平に一てき請て、銚子を下に置、右の手を下、左の手を上にして吸なり、其後手を袴にてそと拭なり、盃さす人と盃のむ人との姿の見ゆる習なり。

これは酒の毒味で、左の掌に酒を一滴たらしてすする。その姿が主客の両者から見えるようにしなければならない。おには鬼であった。在来の辞書類もおに役に鬼の字をあてて、作法書を出典としているが、どうも私には鬼という字も納得がいかない。何故毒味が鬼なのであろうか。それほど嫌がられる仕事だからなのだろうか。

確証はないのだが、私はひそかに「おに」は隠ではないかと考えている。隠密のオンで、隠れた役が「オンヤク」で転訛して「オニヤク」になったのではないかと思うのである。語源はともかく、本膳の時代なればこその役目柄であった。

実際に毒味役が毒に当って死んだという例は記録にほとんど見えないが、主君あるいは家父の権威のもとに饗膳が置かれているかぎり、形式としては毒味の習いは残ったようである。

これも後世の記事であるが、江戸時代の軍学者山鹿素行の講説を門人が書きとめた『山鹿語類』に「士道」という一巻がある。その飲食の項をみると次のようにある。

> 君父の前に侍りて食に預る事あらば、万づ君父の礼をうけて、己れ先だつて不レ可二飲食一、但し、先づ嘗《な》めてこゝろむべき食物等は、皆自ら先んじて飲食すべし、度々に君父の方を伺ひて左右に色体し、礼容を恭敬すべし、顔色を正し口容をなくし、口中の音あらしめず、一品々々に恭しく受けて或は拝し或は揖《ゆう》し、盤を不レ汚、椀を大いにけがさず、骨あるもの核《さね》あるものは皆是を懐にす、酒は己れ先《ま》つなむ、すべて其礼多しと云へども、毋《なかれ》レ不レ敬の三字を以て是を守るべし。

長文の引用で恐縮であるが、室町時代の武家故実がかえって江戸時代にさらに厳格になった例がここにうかがえよう。君父と食事をともにするときは、基本的には自分から先になって飲食してはならず、まず君父の方をうかがい、左右の同僚へ目礼をしてから箸をとるべきであった。色体というのは挨拶とか会釈といった意味で、目で確認することである。しかし、そういう原則のなかでも「先に試食してみなければいけないものは、すべてに先んじてまず自分から飲食しなければならぬ」と教えている。これは毒味であり「おに」をすることであった。

そして最後にもう一ヵ所「毒味」がでる。「酒は自分がまず最初に嘗《な》めてみる」とあるように、さきの『風呂記』でいう「鬼呑」をすることが家臣、子弟の役目であったことがわかる。もはや「おに」という言葉も出ないが、その伝統はいまだ生きていた。本膳料理の周辺には、驚くほど複雑な飲食の作法がつくられていた。

食事作法については別に述べたことがあるので、重複を避け、ここでは詳しくふれない(熊倉功夫『文化としてのマナー』岩波書店、一九九九年)。ただ、本膳料理の食礼の基本は、料理そのものが社会的な身分関係の表現であったように、身分秩序をふるまいとして表現することに大きな目的があった。こうした縦横にはりめぐらされた人と人の関係のなかで規定される一般の食事作法と、本質的な違いを含んでいたのが精進料理の作法であった。

精進料理の食礼

精進料理が日本料理に影響を与えたのは、内容ばかりではなく食事作法においてもである。たとえば懐石では、食べ終わったときに主客をはじめ、相客一同が一斉に箸を折敷《おしき》の内側に落して音をさせる礼がある。部屋の外にいる亭主はこの音を聞いて片付けの用意をするのであるが、この式がどこからきたものかといえば、まさに禅院の食礼にある。こうした禅院の食礼についてもっとも厳格に記した「斎筵《さいえん》（四頭《よつがしら》）」を京都相国寺の有馬頼底氏が次のように紹介している。

一、出膳　先手長《てなが》ハ離位、膳棚ヨリ御膳ヲ取リ、自分ノ方ニ箸ノアル様ニ持ツ。而シテ給仕ニ渡ス。故ニ給仕ヨリ賓位ニ渡ストキハ箸ハ賓位ノ方ニアル。以下之レニ倣フ。四人揃ツテ一列ニ膳ヲ両手ニ目八分ニ捧ゲ、給仕ノ前ニ至リ客給仕ニ渡シ帰位。

手長は台所の側の配膳役で（これを職業とする人びとを手長衆とも呼ぶように俗人の仕事）、これから膳が給仕の僧に渡される。形式はいわゆる四頭であるから賓位（客）は四組に分かれ、それぞれに主客（頭）がいるので四頭となる。給仕も四人をもって一斉に行なわれる。

給仕ハ二人宛進ミ室中入口ニテ並ンデ足ヲ揃ヘ左足ヨリ入リ、右ハ主席、左ハ前班、前ニ進ミ、一歩進ンデ胡跪《アグラ》、御膳ヲ進ム。主席、前班共膳ヲ受取リ、少シ戴キ前ニ進ミ、膳ヲ進ムルコト前ノ如シ。而シテ一歩退イテ内転帰位前ノ如シ。次ニ手長ヨリ膳ヲ受ケ二人宛、右ハ都寺、左ハ書記ニ、次ノ二人ハ前住（歴）、前住。各膳ヲ進ム。而シテ順次膳ヲ進ムルコト前ノ如クニシテ全員了。

給仕が膳を客前に運ぶと、客は一歩前に出て手渡しで受けとるあたりは、懐石の膳の受け渡しと同じ。ただし胡跪であるから、片膝で給仕することになっている。ここには現れないが今日の精進料理の中に、箸の置き方が独特なものがある。それは箸の先を、なかめ左上にして置くやり方で、一般のように客前に真横に、そして左に箸先をむけて置くのと異なり、こうすれば一手で箸が扱える、とその特長を述べる（食事中のことは次にでるが同じだ）。なるほど一般の置き方では三手に扱わなければ箸が使えないのに対して便利であろう。

食膳が運ばれて、いよいよ食事がはじまる。

一、喫飯　一衆揃ツテ問訊《もんじん》、了テ上体ヲ前ニカガメ右手汁椀、左手飯椀ノ蓋ヲ同時ニ取リ、飯椀ノ蓋ニ汁椀ノ蓋ヲ重ネテ膳ノ左側ニ置ク。次ニ生飯ヲ取リ膳ノ向側ニ置キ揃ツテ問訊シ了ル。次ニ揃ツテ飯椀ヲ取リ一口喫シ、次ニ汁ヲ、余ハ何レカラデモ自由ニ食ス、喫飯中ハ箸ヲ汁椀ノ上ニ斜ニ置クコト。

飯椀と汁椀の蓋をあわせるやり方も懐石には生きている。まず飯を一口、次に汁を一口すってあとは自由という作法は、われわれの日常の食礼でもある。生飯《さば》をとって膳の向側に置くのは施餓鬼《せがき》（飲食物を餓鬼に与える儀礼）である。生飯の場合ははじめに飯を別にとりわける。

次ニ手長ヨリ給仕ニ銅提ヲ渡ス、銅提ハ取手ヲ両手ニテ持チ、金杓子ヲ立テ動カヌ様ニ指ヲ添ヘテ持ツ、給仕ハ銅提ヲ胸ニ捧ゲ持チ（此トキ金杓子ハ取手ノ手前ニナル様ニスル）、前ノ順ニ大汁ヲ進ム。先ヅ賓位前ニ進ミ更ニ一歩進ミ銅提ノ取手ヲ左手ニ持チ右手ニテ金杓子ヲ持チ、カヤクヲスクイ椀ニ入レ、次ニ金杓子ヲ銅提ノ口ニ当テ、カヤクノ出ナイ様ニシテ汁ヲ適当ニ注グ（賓位ハ給仕ノ持来ル汁、餅湯、湯器等不用ノトキハ頭ヲ下ゲル、尚注グ間ニ足ルトキハ右手ヲ上ゲ挨拶ヲナスコト僧堂ノ飯台座ニ同ジ）。而シテ次客ニ順次廻ル、了ツテ帰ルトキ内転、揃ツテ帰位スルコト前ノ如シ。

汁の再進にあたる部分の規則で、無言で給仕との応答を決めている。ちなみにここにでる飯台座は僧堂で用いる細長い食卓で、茶の湯の方でも『南方録』に飯台の懐石のことがみえる。

○次ニ二ノ汁ヲ進ムルコト大汁ノ如クス、只金杓子ノ代リニ箸ヲ用イ、注グトキニハ箸ニテカヤクノ出ル様ニ汁ヲカキ廻シ乍ラ注グ、而シテ次位ニ順次廻リ帰位スルコト前ノ如シ（二ノ汁ハ飯椀ノ蓋ニテ受ケ、膳ノ右ニ置ク）。
○次ニ餅湯ヲ銀匙ニテ進ム（箸等ハ用イズ）、順次廻リ帰位。
○次ニ二ノ汁ヲ前ノ如クニ廻リ次ニ餅湯ヲ進ムルコト。

○次ニ湯器ヲ順次進ム、湯ハ飯湯トス（湯器ハ一返トス）。
○喫飯シ了リタレバ残リモノノアルハ蓋ヲシテ、残リモノナキモノハ蓋ヲ仰向ケニシテ置ク、尚飯椀汁椀ノ蓋ハ重ネテ汁椀ノ下ニ仰向ニ置キ其上ニ汁椀ヲ置ク。

ここで喫飯は終わる。終わり近くなって汁と一緒に回される餅湯《べいとう》はいわゆるおこげに湯をさしたもので、これは今日も懐石の終わりに出されて湯漬にするとき使われる。茶という新しい飲みものが日本に渡来する前、あるいはその後も、茶が一般庶民の口にはなかなか入らなかったころのもっともポピュラーな飲みものとは、この餅湯ではなかったか。餅湯の文化はひとり日本人のものばかりではなく、たとえば朝鮮半島のスンニュンのごとく、広く東洋の米作地帯にみられた飲みものであった。

さて食事は終わった。

○一衆ノ喫飯シ了ルヲ見テ、主席ハ箸ヲ構ヘテ落ス。一衆之レニ合ハス（音ヲナスコト）。
○箸ノ音ヲ聞キタレバ直ニ給仕ハ叉手《サシュ》ニテ入リ、賓前ニ至リ上位ヨリ順次膳ヲ撤ス。給仕賓前ニ至り胡跪ス、賓位ハ膳ヲ取リ目八分ニ捧ゲ少シ戴ク様ニシテ給仕ニ渡ス。給仕ハ膳ヲ受ケ取リテ立チ、一歩退イテ内転帰位。順次全部撤シ了ル。

箸を膳の中に落して、その音を合図に室外から片付けに入る点については、先に記したとおり懐石のそれに一致する。このあと、縁高、茶盞などの礼法が続くのであるが、直接には料理と関係がないので省く。

こうしてみると、精進料理を単なる材料の特殊性からだけ理解するのでは不十分で、むしろその料理法、食礼を通して一つの食の様式として日本料理の中に大きな影響を与えたことが明らかである。

さらに注目される点は、こうした材料の選択から食礼に至る様式が、仏教の「行」の思想によって支えられている点である。さきに述べた懐石がわびというメッセージを含んだ料理であるように、精進料理は主客ともに「行ずる」というメッセージを含んでいたのである。その思想的根拠は、たとえば道元の『赴粥飯法』では次のように記されている（原文を読み下しに直している）。

経に曰く、若し能く食に於いて等なれば、諸法も亦等なり、諸法等なれば食に於いても亦等なり、まさに法をして食と等ならしめ、食をして法と等ならしむ、是の故に法若し法性なれば、食も亦法性なり、法若し真如なれば、食も亦真如なり、法若し一心なれば、食も亦一心なり、法若し菩提なれば、食も亦菩提なり、名等義等なり、故に等と言う、

「食は法性である」という命題こそ、思想に支えられた食という独特の食文化の領域を拓く

思想であった。まさに日本の食文化はこの点で精進料理の大きな影響を受けてきたといってよいだろう。

第三部　料理文化の背景

一　中世の食文化点描――大工・荘園・都市

㈠　大工の宴会

上賀茂神社遷宮と番匠

嘉元三年（一三〇五）、京都の賀茂別雷《わけいかづち》神社で遷宮の儀式があった。

嘉元三年といえば、鎌倉時代も末期に近い。鎌倉幕府の根底をゆるがせた元と高麗の軍勢が対馬に進攻してきた、いわゆる元寇から四半世紀のち。窮乏した御家人対策として出した借金棒引の永仁の徳政令がたちまち破綻して七年後のことである。年表でみると、武家の支配体制にだいぶ亀裂が入ってきているようにみえる。しかし京都あたりの神社ではまだ安泰とみえて、遷宮をするだけの余裕があった。

賀茂別雷神社は上賀茂神社というほうが通りがよいだろう。賀茂川の上流にあって、下流の下賀茂神社（賀茂御祖神社）に対して上賀茂神社と通称される。

その上賀茂神社では四十一年ぶりに式年遷宮の儀が行なわれ、新しい御宮が造営されることになった。本来は二十年に一度の式年造営であったが、この時代ではそれほど厳密に二十年ごとには行ない得なかったのであろう。

　遷宮の準備は三年前からはじまっている。前例にしたがって神領の美作国登美荘（岡山県北部）から材木を切りだすことが決まり、現地には番匠（大工）が派遣されて木を検分し切らせている。現地の者に任せてしまうと、細い木や節だらけの木を切りだして役に立たぬことがあったらしい。一方、屋根をふく檜皮や釘などの用意もすすめられた。

　前年の二年三月、材木は美作国から淀に到着した。瀬戸内海から淀川をのぼって船で運ばれたものであろう。淀からは車で運んでいるが、海や川を使っての運搬にくらべて陸路の巨木の運搬は難儀なことであった。

　いよいよ嘉元三年四月二十八日に「御てをのハしめ」（御手斧始）の儀式が行なわれた。神主の賀茂経久はじめ二十一名の社司が参列し、次に番匠が登場する。まず「正のたいく《(大工)》末継かりきぬ《(狩衣)》にちはや《(襷)》をきる《(着)》」と「賀茂社嘉元三年遷宮記」（『賀茂文化研究』三号、賀茂文化研究所、一九九四年）に記されている。番匠は大工の総称であるが、そのなかに階層があって、この正の大工というのはのちでいう棟梁である。「ちはや」は襷《たすき》であるから、狩衣にたすきがけして登場した。

　次に「権《ごん》の大工」が登場する。権は次席である。こうした大工の階層にはいろいろの定めがあったらしく、平安・鎌倉時代には「大工、引頭《いんどう》、長《おさ》、連《れん》」といった四階層に分かれた例が多いが、賀茂の場合は「正、権、末」と三階層に分かれ、末の番匠はさらに長が七人、槌《つち》八人と分かれ、都合十五名いた。

さて正の大工と権の大工は材木に墨を打ち、手斧《ちような》をあてて退《ひ》く。次に檜皮師が出て材木に檜皮を結いつけた。これはあくまで儀礼で実際の工事とは関係がない。儀式が終わると酒宴に入る。

饗宴は「飯無饗《はんなききよう》」とあり、飯と汁はでない酒宴である。膳が二十五膳ならんだ。二十五というのは、正権の大工二名、末の番匠十五名、檜皮師三名（ただ慣例により膳は二人分）、壁師二名、鍛冶二名、行事一名、木守一名の二十五名分である。当時の工事の規模がほぼこれでうかがわれる。のちにみる『春日権現験記』の工事現場でも三十人ほどの大工たちが描かれており、社殿としては似たようなもので、だいたい中規模の造営といえよう。酌と配膳は神社側の出納が立烏帽子《えぼし》に水干を着て六人で行なった。

膳のなかみは「嘉元三年御遷宮記」（『賀茂文化研究』四号、一九九五年）に次のようにある。

まず行事の役の者と正、権の大工には、

生物二種、平切二種、より切二種、串柿一盃、たんこ《(団子)》一盃、くほつき二盃、箸のたい置之、その他の人々には「くた物」はすえない、とあって、串柿と団子がない。つまり団子も果物で、あるいは唐菓子の扱いかもしれない。何の盛り様かわからないのであるが、

もりやうハ、さらたけ《皿丈》よりたかし《高》、するゝ物之やう也、をの〳〵つくるゝにするゝたり、

とあって高盛りにしたらしい。次のようにも記されている。

高
魚菓子皆此定也
切立して小かわらけ《土器》に盛上（以下略）

カギの手の線は机の角を意味している。食卓の机の上に土器の皿をおいて高盛りにした。「高」とあるのは、その土器の位置を示している。「平切」「より切」というのがよくわからないが、切立して盛りあげるというなら、魚を薄くそいで盛りあげるのが平切とでも呼ぶのであろうか。より切は丸ごと筒切りしたものか。

これらの材料が買物のリストから推定される。次にそれを引用する。

一、魚かう《（買）》事
しほたい、代八百、魚のミより切の上魚代三百、
干名吉、さハより切平切代一貫にてかう、
くしかき二連　代五十
たんこ　米一升五合
　已上二貫百五十文

どうやら生物は塩鯛であった。魚とのみ記されていて、より切の魚の種類はわからないが、鯖《さば》にも平切とより切の二種の調理があった。

当然これに酒がふるまわれる。番匠全体に対して大瓶に入れて二斗の酒、行事、檜皮、壁、鍛冶それぞれに五升入りの瓶子が一本ずつ配当された。十七人で二斗であるから、一人あたり一升二合弱。とても飲み切れまいから、一部は持ち帰ったものか。行事は一人で五升、他も二人で五升の割りあいであるから、その場で飲む分だけではあるまい。盃は二つすえて、二列にわけて酌をし、三献が済んで被物《かずけもの》（布がそれぞれに渡る）があって儀式は終わった。

四月二十八日にはじまった工事は六月九日に上棟式を迎えるのだが、その間に御台所と目代にする施斎《しさい》が二度あった。番匠たちの士気を高めるためにときどきご馳走する必要があったのであろう。工事に伴う儀式には含まれない臨時の饗宴であった。

五月十四日の御台所の施斎では次のようにある。

饗膳五升盛、又二升盛ひめ

此分者行事、正大工、権大工等三人、又御目代同一前（膳）給之

「ひめ」とあるのは姫粥で今日でいう飯。したがって五升の方は蒸したおこわであっただろう。五升も盛られたおこわはそのまま持ち帰って家人にふるまったにちがいない。その他の人々、すなわち末の番匠や檜皮、壁、鍛冶の者たちにも本飯五升、ひめ一升五合が容器に盛ってだされた。姫粥は食べたのであろうが、それにしても食べきれる量ではあるまい。

現在の東大寺の修二会の時、食堂で練行衆に供される一日一度の食事では、八合の飯が塗り鉢に盛られる。昔は一升であった。それをかつては食い切ったという。今はほとんど残す。いくら昔でも一升五合は無理だろう。

この飯に対して菜は八種で皆魚であった。

平切二盃、鮨二盃、きわり二盃、なます二盃、汁二しほたい。

さけのこたゝミ

皆、つくゑにそなう

とあり、平切という料理で二種、鮨が二種、きわり二種、なます二種、以上で八種という。「きわり」という料理はわからない。「さいきわり」とも記されているが、多分「さい」ではなく「さハ」（鯖）であろう。だから鯖を割いたものかもしれぬ。「き」は酒か。汁は菜ではないので別に二種あったことが書かれており、塩鯛の汁と鮭の子の蓼《たたみ》汁である。当日、本来の番匠のうちに入っていない地元の番匠が三人きたので木屋《きや》で食事だけふるまっている。こちらは五菜で「鮨、ふき、平やき、きわり、なます」とあり、汁二種も同じ。ちょうど二汁五菜の料理であった。

この斎《とき》の用意に購入されたものの日記はこのようである。

鮨但在、下盛許代三百にてかう、但さしにかハ上下一貫許歟
さハきわり　代六百　なます　代四百
名吉平きり さい　代六百、しほたい　汁料代百
さけの子　代百
　以上　二貫百

三人の追加分は、

ふうき《(蕗)》代三十、しほたい平やき代百、すしハ在、さいきわり代百三十、なます　代五

十、

とあって小計三百十文。さきの二貫百文と合わせて総額が二貫四百十文となり、平均して一人あたり百文ぐらいのご馳走であった。興味深いのは鮨について手元のものを用いている様子がうかがえることである。この鮨はもちろんナレ鮨であろうが、平安時代から鮨を行商する女の話が『今昔物語』にみえ、鮨は早くから商品化されていた。しかし賀茂社では、塩鯛や鮭の子を買い求めるのは当然として蕗まで買っているのに、鮨は自前で作っていて、手もちの鮨をふるまっていることがわかる。のちの記事からみて、鮎の鮨かと思われる。

　これは正式の昼食の斎で、内容もすこぶる立派なものであったが、日常にもときどき昼食がふるまわれて一日三食のこともあったようだ。こうした臨時の食は「ひる物」とか「けんずい《(硯水)》」とよばれた。ひる物についてこのように記されている。

ひる物之さうし《(雑事)》のようと《(用途)》ヲくし《(具)》て下行。一人別こめ《(米)》一升七合、内一升は御ちやう、七合ハけんすい、さうし用とあハせに三文、内いを二しやうし一三文也、しるに一文、さかな三文、以上

　つまりひる物とはいっても食事だけを意味するのではなく、なかば賃金を含んでの給与であった。したがって実際の食事である硯水には、一升七合のうち七合だけが用いられ、雑用

の費用とお菜（あわせ）に三文。もっともこの三文のうちわけとして、魚が二文、しようし（精進すなわち野菜であろう）一文となっているので、全部使えば雑事の費用はなくなってしまう。汁に一文、肴に三文、計七文が現金でその他に米一升七合が臨時の昼食と給与であった。

四月二十八日に手斧始めの儀をもってはじまった造営は五月七日に木造始があり、五月二十五日にも御土構として酒肴が番匠たちにふるまわれた。

『春日権現験記絵』

当時の工事現場を活写する絵巻がある。ほぼ同時代に成立した『春日権現験記絵』に春日神社造営の場面があり、これを賀茂社の場合と重ねてみてみよう。

場面の右の方では社殿の基礎が打たれている。上の方では水はかりを使って礎石の高さを出そうとしているのがみえる。これは木の舟をつくり、なかに水を入れて水面からの高さを測って水平線を求める方式である。上に張った糸から水面に糸をたらして、左の大工が高さを測っており、右の少年は舟に水をいれている。その手前に据えられた礎石がみえる。

中央では丸太の中心に曲尺《かねじゃく》をあて、そのむこうでは墨つけを、さらにその奥では厚い材を二つ割にするのであろう、のみで墨つけした線に沿って刃を打ちこんでいる。そのむこうでは柱の成形であるか、やりがんなで丸太の表面をととのえている様子がみえる。手前の大工は手斧で板を削っている。三人一組で板にむかう脇では子供たちが遊んでおり、大工たちの

家族がともに生活しながら工事が進められている様子がうかがえる。

この場面でことに強調したいのは、上の方の酒宴の様子だ。たとえば賀茂社の造営でいえば五月二十五日の御土構の酒宴などが、これにふさわしい。さきの史料では、

同廿五日　御土かまへ、正殿ハほそ殿、わた殿、土や、しゆこう《（酒肴）》たふ《（給）》、たいへい《（大瓶）》一、二斗入、さかな二内あゆのすし、ひたい、御なうらひ《（直会）》一く《（具）》、以上

とある。つまり工事の一段階がすんだところで酒と肴がふるまわれ、酒は二斗（二十五人いたとして一人あたり七合強）、肴は鮎の鮨と干鯛の二種。直会のなかみはわからない。これらの酒肴は工事現場にたてられた木屋でふるまわれたであろう。まさに『春日権現験記絵』の上方に描かれているのが木屋

『春日権現験記絵』

での酒宴である。左の方に曲物から柄杓で酒をつぐ女がいる。その奥に見える瓶が大瓶であろう。七、八人の大工がそれぞれ盃をもって酒を飲んでいる。ということは、正式の酒宴のように一つの盃を巡回させるのではなく、銘々盃で心ゆくままに酒を飲む宴であった。嬉しそうに酌を受ける男の隣りでは、下戸なのであろうか、鼻をつまみうしろを向いて、そっと盃の酒を捨てている男が描かれている。

大工たちの前には飯や汁らしきものはなく、折敷に肴を盛った皿が置いてあるだけ。今までの絵巻の解説では大工の食事とされてきたが、この場面は酒宴とみるべきだろう。さきの記録での肴は鮎鮨に干鯛であったが、この酒宴の肴も、似たようなものであろう。木屋の左の方には物乞いが肴の余りを求めて寄ってきている。

上棟式と落成の宴

また上賀茂神社の造営の記事に戻る。

だんだんに工事は進行した。五月二十八日には第二回目の施斎があり、白米五斗、酒二斗五升がふるまわれた。お菜は六種。きうり、塩鯛、干鯛、「さい」、干鮭、しほ名吉、そのほかに果物一合とある。この代金が四貫、大工への祝儀が三貫、都合七貫が神社の出費だった。五月十四日の施斎では食べものだけで二貫百だったから、こちらの方が経費がかかっている。こういう経費が明らかになる史料として、この嘉元三年の記録は最も早いものである。

六月二日に渡殿の神宝が移る。九日には最も大事な儀式である上棟式が行なわれた。儀式には神主以下社司が全員参加したのは当然であるが、その女房たちも参列。一の間より末の間まで板の上に数十人も居ならんだという。見物も多い。神社関係の俗人、僧尼もやってきて「はざまもなく参候」「上下をしも分たず、ひしと参」というから立錐の余地もなく群集したようである。

正殿、仮殿に供えものが置かれる。そのなかには餅が十八枚。一枚が幅八寸（約二四センチメートル）長さ二尺（約六〇センチメートル）厚さ一寸五分（約四・五センチメートル）という大きさであった。この餅のための米が一石一斗五合である。

儀式が終わると、大工たちに祝儀の品（禄）が与えられた。布と馬である。馬を給うこととあって、一番行事以下十五人に十五疋の馬が与えられたとある。これはあとで述べるように、実際にはお金で支払われた。

さて馬のあとは饗膳である。手斧始は二十五人であったが、今度は檜皮葺がふえて二十八人分のお膳がでた。上棟のあとは屋根の仕事がふえるからである。飯は五升盛が二十八膳、その他行事と正・権の大工には姫粥の二升盛がそれぞれに配された。その他のメンバーの姫粥は一升五合盛であった。

お菜もきわだって豪華である。その部分を引用しよう。

　御菜十四種之内
　　居物六盃内二種物　しほ肴二盃
　　　たんこ二盃　干魚二盃さは
已上高五寸、追物かハらけにもる。肩ハかハらけの定也、

ここまでは着席の時にすでに据えられている料理なのであろう。二種ずつシンメトリカルに配膳され、六つの盃に三種の料理が高さ五寸に盛られた。つづいて追物が八種でる。

　追物八種内、高ハ御神事之時社司追物之定也、
鮨廿八盃、しほ引廿八盃但、上しほ引三下さは　平切(干鮭)廿八盃但、上干鯛下さは、きわり廿八盃さハ
より切廿八盃下さは、上魚三、平やき廿八盃、からさけ廿八盃あゐませ、なます廿八盃

これら八種類の料理が土器に盛られて運ばれた。施斎などでは八菜とか六菜といったお菜

の数が、ここでは十四種と倍以上であるばかりでなく、膳にのり切らない料理があとから追加して運ばれるところも贅沢である。さらに、塩鯛の汁と鮭の子のたで汁の二種が机にならび、正饗としてはなかなか立派なものといえよう。

この日の記録の終わりには、正の大工以下の禄（給与）が記されている。正の大工ではきぬの代（本物の布のかわり）三貫、馬代三貫、都合六貫が与えられた。権の大工も同じ。長の大工は三貫ずつ、末の大工は一貫ずつ。以上、番匠の分は総額が八十二貫である。この額は相当大きい。ちなみに、この賀茂社の造営より百五十年後の寛正三年（一四六二）、奈良大乗院の寝殿造営の番匠に与えられた酒肴代は一貫に過ぎない。檜皮葺についても、事始から棟包みまで三回の儀式の祝儀総額が三貫五百五十文であった（大河直躬『番匠』法政大学出版局、一九七一年）。この賀茂の場合、上棟式の際だけで檜皮には総額で十五貫五百文が渡されている。はるかに潤沢な禄であったことがわかる。

四月にはじまった工事は八月に完成。八月八日に遷宮の儀が行なわれた。三ヵ月余で完成したわけでかなりの早さであった。儀式の記事は長いので省略。この遷宮にきた勅使弁《ちょくしのべん》にふるまった饗膳の代金を最後にみておこう。これは大工の宴会料理ではないが比較のためである。

「小垸飯二度用意」とある。垸飯《おうはん》は大盤《おおばん》ぶるまいのもとになる言葉。「小」はついているがご馳走である。その内容は、

飯料米七斗二升、代一貫二百 百別六升三との定

さけ　古八升　殿より有

新酒三斗五升 筒入て二ケ日ニ出之　代一貫二百

さかしほ　八升 新　代二百三十

これが二人分の垸飯であるからあまりの量に驚かされる。米の「百別六升三」は百文で米が六升三合という意味。古酒八升は自用の賀茂社の酒蔵から出したからお金は支払われていないが、この三日前の垸飯では古酒八升で四百八十文を支出しているから、米にくらべるとかなり高価である。新酒はこれに対して約半額であった。

次にお菜へ移る。

御菜十種歟、二と《(度)》分

蓮《(はす)》　代百二十、鳥四　代一貫二百、たこ　代三百、しほ引二　代五百、小鳥　代三百、かまほこ　代三百五十、くらけ　代三百四十

ます四か 但無之、代二百六十、丸あわひ三　代五十、あをまめ《やきをする》　代四十、御汁三

こゐ二二と《(二度)》　代五百、こふたゝミ　代七十二と

御くた物二合

あわしかき　代二百、もゝ　代二百、なし　代二百

大工の饗膳とちがって材料が豊かである。せいぜい干鯛や干鮭、あるいは鯖が中心であった大工のそれにくらべると、鳥や塩引、小鳥にかまぼこ（これは比較的早い記事か）までなるほど珍しく、しかもおいしそうな材料が揃っている。当たりまえであるが値段も相当高い。

汁は三種で鯉が二種。もう一種は昆布のたたみ汁。鯉と塩引が同じ値段である。鯉はすぐに手に入りそうであるが、鯛以上の高級魚なのであろう。

果物は酒でしぶ抜きをした醂し柿、桃、梨ともに結構な値段であった。

つづいて記述は器物の値段も記録している。これも珍しいことだ。

かけこ《(懸子)》二　代八十
はん《(盤)》の外居二　代八十、四合折ひつ《(櫃)》十六　代八十
つい重《(衝重)》六　代四十二、かはらけの外居二　代三十、
をしき《(折敷)》大　代八十、かはらけ大　代百三十

この値段も常識と少し違う。衝重《ついがさね》がなぜ安くて、一番安直なはずの折敷がよい値段なのは何故か。土器がもっとも高いのも理解しにくい。その他は省略するが、酢や塩と一緒に「かつほ一　代十五文」とある。だしを取るためか、削り鰹の残材かわからない。

以上、鎌倉時代の大工の饗膳を中心に史料をみてきた。中世の貨幣経済の浸透ぶりにあらためて驚かされる。京都という最大の都市の、しかも有力な消費者である神社の作事であるから、商品化された食べものがやすやすと導入され消費されているのは予想できることとはいえ、これほどまでにすべてが購入され、そうした需要に応える流通があった。

職人集団の中でも古代以来、最もよく組織されてきた番匠であるだけに、工事の進行にともなう儀式も饗膳も、形式がきちんと出来あがっていたことがよくわかる。どうやら、職人集団などと共に食品の流通も整備され、庶民の食文化は、中世以降大きく発展をみていたといえるだろう。

(二)　中世荘園の生活

備中国新見荘

倉敷から伯備線に乗って一時間余り。鳥取県との県境に接して新見《にいみ》市が位置している。新見市の中核となる新見は高梁《たかはし》川を通じて瀬戸内海とも結ばれ、中世にあっては重要な商業も栄えた荘園であった。

備中国新見荘というと、日本史を学ぶ人であれば何度も耳にする有名な荘園である。新見荘が後醍醐天皇によって京都の大寺、東寺（教王護国寺）に寄進されてより、新見荘の関係文書は東寺にさしだされ保存された。その結果、ぼうだいな史料の宝庫『東寺百合文書』として今日まで伝来した文書群のなかに、新見荘史料が六百通余りも残されたのである（「家わけ史料」『岡山県史』岡山県、一九八六年)。つまり新見荘ぐらいの規模の荘園はたくさんあったのだが、偶然、その史料が大量に残ったために研究が進んで、荘園の一例として新見荘が日本史のなかでよくとりあげられるというわけである。

新見荘をめぐって本所・領家である東寺、地頭、その背後にいる守護、さらに現地の農民のかけひきや闘争が、史料のなかに生き生きと記されている。また数は少ないが当時の荘園の生活をうかがわせる史料もある。

ここではこうした新見荘史料を用いて、『岡山県史』などを参考にしながら中世の生活文化の一端をうかがうことにしよう。

東寺領としての新見荘の成立は一四世紀の建武の新政時代であるが、元弘三年(一三三三)の年貢の内容をみると、麦、蕎麦、漆や簾《すだれ》、炭などと共に、「贄鳥《にえどり》一羽」「鳥一羽」など百姓ごとに割りあてられた鳥が十一羽もでてくる。おそらく山鳥であろうが、荘園から領家に納める大事な貢進物であった。

同じ元弘三年、後醍醐天皇の東寺に対する新見荘寄進を実現するために、国司の御使として則宗という人物がやってきた。彼らは下人を六十二人もひきつれた総勢八十三人という大部隊で、これをもてなすために荘民側が用意したのは、

清酒二斗五升　朝夕分　酒直(値)五百文　百文別五升宛
白酒七斗二升　朝夕分　同直(値)四百三十二文

兎　二　代百九十文
鳥　二　代二百十文
スルメ　一帖　代四十五文
大根　五把　代廿五文
大魚　一　代八十文

とある。清酒と白（濁）酒の比率は、ほぼ八十三人の一行中の上人二十一人対下人六十二人の比率に見合っているので、下人は主として濁酒を飲んだのであろう。値段は両方合せても九百三十二文で一貫文に足らず、意外と安価である。これに対して兎が一羽九十五文、鳥は一羽百五文でかなり高価であった。大魚というのは何かわからないが、高梁川をさかのぼって商人が瀬戸内の魚をもたらしたものか。それにしても代八十文。いかに山鳥が高いか想定される。スルメや大根も酒肴であろう。あわせて煮物にでもしたものか、別にスルメを焼いたものか、いずれにしてもこれらが酒肴であったと思われる。

そのほか、国司の使一行の馬のための米や豆など、あわせてその費用四貫四百八十文がかかった。ちなみにこの荘園からの年貢総額が二百三十貫で、半分は守護のとり分で、領家の東寺は百十五貫を徴収する権利があったとはいうものの、荘園を維持するための代官等の必要経費が百貫文というわけで、ほとんど実質的には収入源になり得ない状況であった。おそらくさきの接待費四貫四百八十文も荘園の維持費から支出されたのであろう。

市場の買物

新見荘から東寺への納入物のなかに鳥が含まれていたように、また下向してきた使をもてなすのに兎と鳥が用いられたように、当時の食生活の中で鳥や兎はたんぱく源として必要不可欠のものであった。そればかりでなく新見荘の市場では、とても交通不便な山間の荘園とは思えない食品がならんでいたのである。

新見荘を貫流する高梁川の河川敷に展開していたとみられる市場（市庭）は三日市庭ともいわれ、毎月三の日に市がたつ定期市であった。いつごろから市を形成したか明らかではないが、少なくとも新見荘が東寺に編入されるころには、山陰と山陽をつなぐ重要な市となっていたらしい。今日の交通の概念とは全く別の交通体系をなしている中世にあっては、かえって今日からは想像できないような商業・交通のセンターとしての地位を新見はもっていたのであろう。

市は川に沿って南北に細長く、おそらくは『一遍聖絵』の福岡の市に似たような掘立小屋に商品をならべた店がたちならんでいた。当時の店の数は二十八軒（十四軒分の地代を示す史料が残っていて、この十四軒という数は全体の店の数の半分であったといわれる）程度と推定される。その商人のなかには遠く畿内や瀬戸内の者もまじって、市の日のにぎわいはなかなかのものであったろう。

時代は少し下るが応永八年（一四〇一）に東寺の代官役所がこの市場で買物をした記録が

残されている。まず七月冒頭の記録のなかから飲食関係を抜きだすと次のとおりである（全体は表1参照）。

四十文　七月四日　茶一斤
五十文　同　さかて
五十文　六日　米三升下用
廿五文　同日　さけ・さかな
十四文　同　米一升下用
廿四文　七日　さけ・ミやた時
五十文　同九日　むき八升

やはり買い求めるもののなかで酒の占める位置が大きいが、それにあわせて「さかな」（具体的にどんなものが選ばれていたかわからない）がしばしばととのえられている。米が登場することも注目されよう。

さらに同年の九月の項には、

廿五文　同廿一日　平岡殿さけ
廿五文　同廿二日　平岡殿さけ

廿三文　同日　　　同さかな　たい一
廿文　同日　　　　平岡殿下部さけ

とある。この平岡殿というのは在地の武士で、新見荘の代官職を望んで東寺に対して運動していた安富入道の甥にあたる人物であった。土地の有力者ということでもてなす必要があったのだろう。連日にわたる酒の接待である。その肴のなかに鯛が登場する。おそらく高梁川の舟運を利用して運ばれる瀬戸内海の塩鯛が新見の市場で売られたのであろう。案外に値段は安かった。その日は平岡の家来にまで酒がふるまわれたようである。

十一月の項をみると、

十二文　同六日　　たうふ
十五文　同日　　さけ、いちハにて
百文　たぬき、さけ、いちハにて
十六文　　さけ、いちハにて、ちうけん中へ
廿六文　同十四日　　平岡殿、いちハにて、さけ・さかな
廿二文　同日　　いちハにて、たうふ・こうお
十二文　同十二日　　たうふ
十八文　同十三日　　大こん・たうふ

と豆腐がさかんに登場するばかりでなく、狸や小魚も求められている。狸は別の日に昆布とならんで「百卅文　たぬき　こふ」とあらわれ、なかなか高価である。別の算用帳にはその他、和布（廿五文）、みそ（百文）、さけ、そうめん（百七文）、たびの魚（八十文）、うさぎ（廿五文）などが食品としては目につく。

中世における肉食はまだかなり広く行なわれており、ことに山間の新見荘では兎や狸が高価に売買されていたことがわかる。また自給されていると考えられがちな酒や味噌も商品化しており、遠方の昆布も流通している。中世の商業が、かなり早くから食べものの商品化をもたらしている状況がここからうかがえよう。

食生活に関連しては食器の売買もみえる。

十五文　同日　こき《(五器)》一せん《(膳)》
卅四文　十月三日　おしき《(折敷)》、たらひに筵《むしろ》

また別の算用帳には単に「ふるまい」として多額の金が支払われている。たとえば代官在荘の時に「方々振舞」として八百文が支出されるなど、その他にも「大ニふるまい」「さくま方へ平岡殿ふるまい」といった記事があり、宴会の費用と思われる。こうしてみるとこの金銭出納帳の記事の大部分が飲食にかかわっている。山間の荘園の食生活がいかに深く商品

表1

四十文	七月四日	茶一斤
十一文	同	□□《(文書)》紙
五十文	同	さかて《(酒手)》
五十文	六日	米三升下用
廿五文	同日	さけ《(酒)》・さかな《(魚)》
十四文	同	米一升下用
廿四文	七日	さけ《(酒)》・ミやた《(宮田)》時
五十文	同九日	むぎ《(麦)》八升
卅文	同十日	大《(太)》郎三郎粮物
十四文	同日	米一升下用
十四文	同十一日	米一升下用
六十文	同日	いろ《(色々)》 かい《(買)》物ほんれう
廿文	同十二日	すゑより夫かへり《(帰)》、さと《(里)》へ粮物

家方所下帳　銭所下　応永八年七月四日」を表にしたもの）

卅文	同日	まこ(孫)三郎さと(里)へ粮物
百文	同十四日	大二殿里へ粮物
五十文	同日	せかき(施餓鬼)に入
廿四文	同日	山ときとの(殿)ゝ時
百文		同との(殿)ゝ時さけ(酒)・さかな(魚)
五十文	同十七日	米三升一合下用
卅文	同十八日	四郎三郎さと(里)へ粮物
四十文	同十六日	さけ(酒)
五十文	同廿日	米三升一合下用
五十文	同日	まめ(豆)四升八合
四十文	同	やま(山)ときとの(殿)・ミやた(宮田)との時さけ(酒)
十文		するより夫の粮物
六十四文	同日	さけ百性(姓)中へ

応永８年（1401）の支出帳（東寺百合文書「新見領

二百五十文	同日	地頭方へさけ《(酒)》
二百文	同日	山ときとのゝ《(殿)》方へさけ《(酒)》
卅文	同廿六日	大《(太)》郎三郎さと《(里)》へらう《(粮)》物
廿五文	同日	さかて《(酒手)》
廿文	同廿八日	文書紙
十文	同日	さけ《(酒)》やま《(山)》とき殿時
卅文	同廿九日	まめ《(豆)》三升
十五文	同日	こき《(五器)》一せん《(膳)》
四十文	八月一日	さけ《(酒)》・ミやたとのゝ《(宮田殿)》時
廿八文	同三日	ゆかわとの《(湯川殿)》二郎さ《(左)》衛門殿さけ《(酒)》
十八文	同日	紙一束
廿文	同四日	まめ《(豆)》
五十文	同日	ゑとき《(絵解)》に下行

卌文		粮物
廿文	同日	上使里への粮物
卌文	同十一日	彦二郎里へ粮物
五十文	同十五日	八郎二郎さと(里)へ粮物
廿文	九月九日	土佐殿さと(里)へ粮物
廿文	同十四日	衛門五郎さと(里)へらう(粮)物
廿四文	同十七日	さと(里)へらう(粮)物
廿五文	同廿一日	平岡殿さけ(酒)
廿五文	同廿二日	平岡殿さけ(酒)
廿三文	同日	同さかな(魚)たい(鯛)一
廿文	同日	平岡殿下部さけ(酒)
卌四文	十月三日	おしき(折敷)たらひに筵
百文	同四日	土佐殿・上殿さと(里)へらう(粮)□(物)

百文	同日	しを（塩）
十二文	同五日	三河殿時さけ（酒）
五十文		三河殿さと（里）へ粮物
卅文	同七日	小法師さと（里）へ粮物
廿四文	同廿三日	平岡殿□（時）さけ（酒）
卅二文		一束くりのきとの（栗木殿）・平岡殿中へ
廿（四六）文	同廿五日	いちハ（市場）にて平岡殿さけ（酒）
十（四六）文	同日	たうふ（豆腐）
廿四文	同日	平岡殿さけ（酒）
十二文	同日	むしなの時さけ（酒）
廿文	同廿八日	平岡殿・栗木殿おく（奥）へのさけ（酒）
卅文	同日	二郎四郎さと（里）へ粮物

十五文	十一月一日	辻殿御こへの時さけ（酒）
十文	同二日	たいくわん（代官）
十二文	同□□（六日）日	たうふ（豆腐）
十五文	同日	さけ（酒）いち（市場）八にて
百文		たぬき（狸）、さけ（酒）、いち八（市場）にて
十六文		さけ（酒）いち八（市場）にてちうけん（中間）中へ
廿六文	同十四日	平岡殿いち八（市場）にて、さけ（酒）・さかな（肴）
廿二文	同日	いち八（市場）にて、たうふ（豆腐）・こうお（小魚）

十四文	同日	いちハ《（市場）》にてたきゝ《（薪）》
十二文	同十二日	たうふ《（豆腐）》
十八文	同十三日	大こん《（根）》・たうふ《（豆腐）》
百文	同廿一日	花ふさ《（房）》さと《（里）》へらう《（粮）》物

流通に根ざしていたかをうかがわせよう。

代官の所持品

新見荘の所務をめぐって紛争は続く。ここでは荘園の歴史をたどることが目的ではないから多くは省略するが、要は領家たる東寺に実力がともなわぬことが原因であった。

さきにも少しふれたように、かつては守護による半済が行なわれ、年貢の半分は守護方にとられて、実質的な収入が期待できぬ荘園であった。その後、守護不入とされても、なかなか実質はともなわない。そこで少額でも収入が確保できればよいと、東寺は代官を任命して、その請負に委せることがあった。ところが農民たちにしてみると、武士が代官として入部すると支配が強化されて厳しい課税となるものだから、訴状をたてて東寺が直接支配（直務支配という）をしてくれるように嘆願する。東寺としても代官が地頭方と結託して約束の金額を納入しないこともあるものだから、直務を実現しようとするが、寺内になかなか引き受け手がいない。一方、農民（といってものちに述べるように、いったん事あればたちまち武器をもって四、五百の兵力となる存在）の側も、三人の現地管理者（三職）をたてて東寺の直務を要求するという事態となった。

寛正二年（一四六一）、東寺から調査のために使節が派遣された。その報告書によると地元の三職が強硬に直務を要求し、使節としてではなく代官として荘内にとどまるよう求めて、都には帰さぬといいはった。そのかわり東寺には米で七十七石、銭百四十貫文、大豆十四石、漆五升、紙十束、栗一斗を納入する約束をした。

こうなっては東寺としても代官を派遣せざるを得ず、紛糾しながらも祐清上人という人物を代官に任命した。祐清は二百貫文の年貢を請負い（そのうちの五分の一が祐清の取り分）、翌年の寛正三年八月に現地新見荘へおもむいた。

到着してみると京都で聞いていたうまい話とは大分ちがう。したたかな農民の対応に祐清も困りはてたようである。荘園などほうりだして早く都へ帰りたいという気持ちと、代官の職分を全うしようという不退転の決意（といってもたてまえであったろうが）との間で心は揺れたようである。そんな時に事件はおこった。

寛正四年八月二十五日、祐清は二人の中間を連れて馬に乗り、領内の巡視にでかけた。地頭方の被官である谷内という家の前にきたとき、たまたま家が新築中であった。その新築中の主殿の前で馬に乗った祐清（そこまでは馬を降りていた）を咎めて、谷内と横見という被官が祐清を討ち果たしてしまった。下馬という礼儀もさることながら、その場で殺し、馬や太刀、具足まで剝ぎとったというのは、やはり地頭方と領家方との対立が背景になっていた。

この報が領家方の農民に伝わると、たちまち谷内のところへ押しかけたが、すでに谷内、横見とも姿を消していた。うっぷんを晴らそうというので新築中の家に火をかけ、さらに地頭の政所へ押しかけると、殺された祐清の馬がつながれていたから、政所にも放火してその什器類を奪った。さきに述べたように、農民といっても雑兵みたいなものだから、こうなると祐清殺害を口実に地頭攻撃へ様相が変ってしまった。

祐清殺害、地頭政所放火の報はそれぞれ領家の東寺、地頭側領主の相国寺へと伝わった。まず祐清であるが、その遺品の目録が京都へ差しだされている。これは代官クラスの所持品目録として興味深いので少し詳しく引用しよう。

一、ころも、一、くすの十とく、一、けんの刀一こし、一、太刀一ふり、一、やり一ほん、一、弓一てう同うつほ一本、一、かちやう

これは没後も領家の代官所に残してある分で、衣や蚊帳《かや》のようなものがあるかと思えば、僧侶とはいいながら、太刀、槍、弓、といった大量の武器を帯びていたことがわかる。この目録中の他の箇所をみると、この他にも長刀、槍、小太刀、靫《うつぼ》、くつわ、鞍、打刀、大太刀、祐清の刀など、いくつも武器、馬具の類があげられている。個々の代官の武装として、

この程度のものは常時用意していたとみるべきであろう。

さて、農民側の役人である三職が預かっている道具は、

一、くわんす《鑵子》、一、ちやうす《茶臼》、一、かま《釜》二、但大小、一、なへ《鍋》三、一、かなわ《鉄輪》二本、一、ちやわん《茶碗》二、一、てんもく《天目》二、一、かめ《瓶》二但大小、一、ちやおけ《茶桶》、一、ひしやけ《柄杓》、一、すりはち《すり鉢》、一、たたみ《畳》五てう、一、にわはき《庭掃》十五まい、一、ほんはち《盆鉢》

とあり、いろいろな調理道具、器類が列挙されている。応永八年（一四〇一）の市場での買物帖の冒頭に、茶一斤が四十文で買われていた記事があった。茶は代官クラスにあってはもはや必需品であったのだろう。本史料でも、別項に「茶四合」とあって、祐清は茶を貯えていた。これほどまとまって茶の具一式が現われる例は、この史料をもって初見とすべきであろう。鑵子《かんす》は湯を煮る釜であろう。もとめておいた茶はそのつど茶臼でひかれる。ひいた茶は茶桶に詰められ、飲むときには天目か茶碗（天目と茶碗は形態が異なる）に茶を入れ、柄杓で湯をそそいで、茶筅をふって飲むことになる。茶筅以外は全部この史料の中に語彙として現われる。

祐清の遺品は一部在地に残され、その一部は売り払って供養の費用としたり、僧侶に与えられたりしたが、興味深いのは祐清と縁を結んだ「たまかき」と称する一人の女性に形見と

して渡されたことである。

たまかきの手紙が今も残っている。これによると「このほど、なじみ申し候ほどに、すこしの物をば、ゆうせいのかたみにも、みまいらせたく候、給い候はば、いかほど御うれしく思まいらせ候」と嘆願し、形見としてほしいとあげたのは、白の小袖、紬《つむぎ》の表、布子の三点であった。亡き人をしのぶ心がうかがわれてゆかしい。

祐清の所持品はいわば単身赴任の代官の所持品で、一家をかまえた什物とは異なる。ちょうど祐清のそれと対応する地頭の家の什物が同時に現われるので、つぎにそれをあげてみよう。

祐清殺害のあと、農民たちが地頭方の政所へ押しかけ什物を奪ったことをさきに記した。これに対し、地頭側から什物を返還せよという要求がでた。はじめは農民側も家とともに焼亡してしまったものは返せないとゴマかしていたのだが、焼けたのは家で蔵の方は無事であり、実は強奪されたのは蔵のなかの什物であるといわれてさらに追及されている。そのとき地頭側から示された捜索品目録は、当時の代官クラスの蔵のなかにどんなものが入っていたかを知るうえで、貴重な史料である。

まず食生活に関係の深いものをあげよう。大唐櫃《からびつ》のなかには硯《すずり》や扇などと一緒に茶碗の花瓶（これは食器ではないが、茶碗というのは磁器製、という意味）、皆朱の五器（一膳に五つ入り、同じく皿三つ）、皆朱の折敷大小二枚、赤漆の折敷大小十九枚、わん一具かす《(数)》六十、次の黒碗一具数五十、盃三つ、板折敷三足、五升なべ二つ、わかしなべ一つ、釜大小二口、鉄輪大小三つ、と飲食器やら台所道具やらが列挙される。

食べものそのものは蔵の中なので種類は少なく、味噌五斗かめ入、米二石、麦八斗、大豆一石が目録中にみえる。

茶の湯道具も、さきの祐清とよく似ていて、鑵子一つ、つる《弦》共、茶碗大小五つ、茶臼一つ、ずんぎり一つ、茶盆一つが現われる。ずんぎりは挽物の小さな蓋つきの器で、甲が平らに切られているので頭切《ずんぎり》である。おそらく漆塗りでひき茶をいれておく茶入であったろう。酒も納められていた。「黍酒《きびざけ》二つ、石造かめ一つ、五斗造かめ二つ、三斗造かめ二つ」という記事は多分、自家用の酒の甕と考えてよいだろう。

最後に、これは食生活とは関係がないことだが、この代官の蔵には書物も若干あったという記事をあげる。「式条本ひうしくろし」とあるのは、いわゆる『御成敗式目』の写本で表紙が黒かったというのであろう。「庭訓往来一冊」「字尽三冊」。数は三点であるがいかにも必需品である。式目は武家としての基本法であるし、手紙を書くのにかかせない文例集と語彙集の『庭訓往来』（同時に手習いのお手本でもあった）、やはり字引の『字尽』、当時の武士の教養のありかたがうかがえる史料である。

(三)　中世の汁ふるまい

汁で寄合う伝統

江戸時代の都市や農村では、寄合いのとき頭家にあたる家が汁をつくって待ちうけ、それぞれの家の長が飯持参で集まるという風習があった。これを汁講といった。

ことに京都では毎月十日に汁講が開かれて、これを十日汁と称した。もっともこの日付は時代とともに変化したらしく、桃山時代には六日だった記録もあるという。

こうした江戸時代の町汁のことは、守屋毅氏が論じている（「会所と町汁」『新日本古典文学大系』七十七巻月報）。守屋氏がそのなかで紹介した天和二年（一六八二）七月一日の伊藤仁斎の町汁はまことに立派なものであった。仁斎の日記の記事を氏の注入りで引用する。

> 町汁（の頭家）に相当り候。（中略）料理は、塩鴨の汁、鱠はあさ瓜、あか貝、えび、あへ物はささげ、焼物は鮎、煎物ハいりこ、山のいも、蕨、たまご、ふ、鮭のさしみ、引な、たこ、すがい、こんにやく、すい物は長にし《（螺）》、水前寺苔、すまし也。又、鯉のあら、ふくさにて、ひやし物朝うり、りんご、黒くわへ也。茶ぐわしは山のいも。

汁講とはいいながら、実は本格的な料理が用意されて、決して汁だけのもてなしではなかったことがわかる。それにしても鴨の汁や鱠、焼き物、煎物（実体は煮物に近いか）など、豊かな献立がならぶ。「引な」は「引菜」か「引而」の誤読かわからないが、いずれにしても取りまわしの料理。吸物のあとの鯉のあら（ふくさ味噌で煮たのだろう）は肴の扱いだろう。茶菓子もでているから茶の接待が最後にあったとみてよい。

文献上の町汁の存在は桃山時代の文禄五年（一五九六）にさかのぼるが、内容は伝わらない。その点、一七世紀後期の伊藤仁斎日記が町汁の実態を最もよく残しているのは貴重な史料というべきだろう。

ではこうした汁をもって人びとが寄合う伝統はどこまでさかのぼるのであろうか。

中世都市の町方の記録として注目されるのは茶会記であるが、そのなかに町寄合いの記事がみえる。周知のように、一五世紀末ごろより都市を中心に茶の湯という新しい寄合いの楽しみが生まれた。中国から舶載された名物・珍器や、国内生産のわびた道具をとりあげて茶をたてる。しかもそれは会という以上、酒飯を供する寄合いのヴァリエーションの一つであった。

茶会の記録は、まだ中世の町衆が自ら日記を残すことのなかった一六世紀の前半の天文年間（一五三二—一五五四）からはじまる。その代表的な茶会記の一つに『天王寺屋会記』がある。天王寺屋は堺の豪商津田家の通称で、津田宗達、宗及、宗凡の三代にわたる記録だが、その永禄七年（一五六四）の項をみると他の茶会記と違った「町振舞」の記事が登場する。

同年二月二十一日には「助五郎町振舞」とあって、「北カハ西ヨリ、宗好、四郎左衛門……」と十八名の人名があげられ、そのなかに本人の津田助五郎（津田宗及）も加わり「町代真野」で終っている。つづいて「南カハ西ヨリ、宗与、宗札……」と、「町代河崎」まで九名の名があげられ、合せて二十七名が天王寺屋の大座敷に集まって振舞をうけていることがわかる。この「北側」「南側」というのは、堺の町政が南北に二分されて、それぞれの代表者が集まったことを意味している。また町代というのは、後のように町の代表者という意味ではなく、町の事務を担当する代理人的な人物で、集まった人びとの末尾にその名前が記録されている。

どうやらこの年は天王寺屋が町の寄合いの頭家にでも当ったものか、町衆の集会がしばしば行なわれており、七月二十七日の会では南北あわせて四十名の人びとが寄っている。九月十七日には九名の町衆が集い、「甘会」という名称が付いている。甘の字は原本の写真版をみても判然としないが、あるいは別字の書き損じかもしれない。「汁」の誤記であれば面白いが一寸無理であろう。ともあれ町の寄合いが行なわれ、「振舞」とあるように、頭家の家では飲食を供したにちがいない。ただし、他の茶会記のように床の飾りや、釜、茶入等の茶道具の記載がないので、茶の湯もあったのだろうが、集まったメンバーの名を記す点に記事の重点があって茶道具にはなかったことが推定されよう。

『天王寺屋会記』の振舞の内容は知りえないが、さらに三十年ほど前の公家日記には、公家どうしの汁の振舞が登場する。

山科言継《やましなときつぐ》の日記（『言継卿記』）の巻頭にある、大永七年（一五二七）の一年間の飲食にかかわる記事を抽出すると表2のようになる。単に酒をだした（飲んだ）という記事は省略し、肴などの記載がある条だけを採っている（逆にいうと、ほとんど毎日酒を飲んでいて、ときには前後不覚に酔いつぶれている）。

三月十八日の条をみると、

老父資直卿所に汁候由申て、朝飯持て罷る。

とあり、父の山科言綱（老父といっているがこの時四十二歳。ちなみに記者の山科言継は二十一歳）が、富小路資直邸で汁があるというので朝飯をもって出掛けている。汁だけが用意され、飯は各自が持参するのが汁講であった。ただこの時は、何人集まったのか記事がないので規模のほどはわからない。

同年四月十日の汁の場合は、

四条に汁候とて、老父、法印飯持て罷候、資直卿も罷とて、此方へ来る。

とあり、四条家で汁の会があり、山科言綱とその妹の婿である白山長吏の澄明法印が飯をもって出掛け、さきの汁講の亭主であった富小路資直も合流すべく山科家に立寄ったと記されている。少なくとも山科家関係だけでも三名が参加している。

六月十四日の汁は、白川神祇伯のところの祭礼にあわせて開かれており、朝飯をもって山科家の一族が出掛けている。人数は山科父子の他、親類、女房衆、侍まで同行しており、朝飯には白川の方で汁を用意している。

こうした汁はあらかじめ日を約束して用意しておく場合が多かったとしても、なかには急

表2 『言継卿記』大永七年飲食関係の記事（単に酒とのみある場合は省略し、食べものの記事だけとった）

月	日	記事
1	1	大盤居饌、酒を勧める。
	4	両種雉一番鯉一両荷来る。
	12	茶、酒。
	13	熟柿一包来る。
	14	一荷両種串柿、あら巻来る。
	23	湯あがりに小漬。酒。
	24	一荷両種むきくり、かいあわび進上。
	27	餅で酒。吸物。
	28	吸物で酒。
	29	吸物で酒。
2	3	湯あがりに小漬、吸物、酒。
	27	ひしこしらえ。
	28	時粥あり。
3	5	一桶栗むく進上。
	7	麦麵で酒。
	8	餅で酒。
	9	干飯で酒。
	12	朝飯、鯉の包丁。
	14	麦麵で酒。
	15	吸物で酒。
	16	餅。
	18	汁講。飯持参。
	24	夕飯に汁講。
	27	餅で酒。
	28	飯で酒。
	30	鳥で酒。一荷両種かえ一折、栗一包、進上。鯉の汁を食べる。
4	5	餅、田楽で酒。
	10	汁講、飯持参。
	11	鳥と鯉の吸物で酒。
	12	竹子に鴈の汁。
	13	麦麵で酒。

月	日	記事
	19	鳥で酒。
	20	大祓の六本立、三献、小漬。
	25	素麵。
	26	素麵で酒。
	28	うどんで酒。
5	1	茶。
	4	飯を喰い、酒。
	12	竹の子来る。
	19	菅浦より枇杷、籠二つ来る。
	22	松茸汁来る。小漬で酒。
	23	松茸汁の講。朝飯持参。
	25	汁中付ける。
	27	飾餅、大酒。
	28	素麵ふるまい。
	29	素麵で酒。
6	1	餅、吸物で酒。
	4	素麵で酒。

月	日	記事
	6	汁講。
	7	素麵で酒。
	10	素麵。
	14	汁講。飯持参。
	16	〃　〃
	19	餝飯ふるまい。
	20	汁中付ける。
	23	干飯、瓜食べる。
	24	麦麵、吸物、酒。
	27	干飯と水。
	28	折二合、酒。
7	1	素麵、吸物、酒。
	2	ほうはん（餝飯）、酒。
	3	素麵ふるまい。
	4	干飯で酒。
	20	餅で酒。
	29	素麵で酒。

月	日	記事
8	2	素麺で酒。
	3	柳一桶、干鯛、梨一土器来る。酒。
	4	干飯で酒。
	5	汁申付ける。
	6	葛で酒、白粥。
	7	餅。
	9	素麺で酒。
	13	粥、酒。
	15	切麦、酒。
	19	鳥で酒。
	20	田楽で酒。
	29	餅と田楽で酒。
	30	餅で酒。
9	6	粟餅で酒。
	8	粟餅で茶ばかり。
	11	粟餅で酒。
	12	〃

月	日	記事
	13	松茸ふるまい。
	15	いくち汁講。
	18	朝顔にて茶。
	21	松茸吸物で酒。
	24	松茸に餅を入れ酒。
	26	粟餅で酒。
	29	茶を飲み湯漬、むし麦。
10	6	粥。
	10	二荷三種　餅一折、たこ五、はまあぶり三。
	11	汁講。
	14	粟餅で酒。
	24	湯、汁所望、餅で酒。なめすすき汁講。
	25	田楽。
	26	鴈の汁。
	30	汁講。
11	2	小汁で酒。

月	日	記事
	3	餅で茶。
	5	粥ふるまい。栗で酒。
	9	汁講。粥。
	11	田楽で酒。粥。
	12	小汁。酒。
	13	餅で酒。
	14	豆の飯。
	23	ちん餅のてん茶で酒。

月	日	記事
12	11	餅で酒。
	16	田楽と酒。
	18	入麺で酒。
	20	餅で酒。
	21	〃
	28	田楽で酒、てんにて酒。
	29	塩引、はららこ等進上。餅ふるまい。

に汁を用意した例も少なくない。たとえば十月二十六日の条をみると、

坊城、鴈の汁をふるまはれ候間、老父、予夕飯取寄候、

とあって、坊城俊名が夕方になって雁の汁を振舞ったので、にわかに家から夕飯を坊城家へ取り寄せて父子で饗応にあずかっている。

こうした記事を通観してみると、山科家の場合、ごく家族的な雰囲気で親しい一族のメン

バーが集まって汁講を開いており、町衆たちの寄合い的な、いわば集団としての結束を強めるための会ではなく、ごく日常的な食事の一部とすらいえよう。

汁の内容で特にかわったものは記事があることを考えると、何も注記のないふだんの汁はごく平凡な野菜の汁であったのだろうか。記載のあるものをひろってみると、鯉、竹の子、雁、松茸、いくち（猪口。食用のきのこ。正しくは「ゐくち」でなければならないが、意外と仮名遣いはこだわっていない）、なめすき、などである。また先学が指摘しているように、汁という名称が飯についており、吸物が酒についているという呼称の別は一貫している。ただし、小汁は酒についてくるので、大汁と小汁の差異はあったのであろう。

この大永七年という年は、堺から三好一族が上洛し、連日市内で足利幕府軍（といっても幕府も分裂しているが）と対峙し、戦乱のさなかである。公家たちの汁講がそんな戦争見物のあいまに開かれているのが面白い。

さて同じ山科家関係の記録をさらにさかのぼると、汁の記事がやはり頻出する。

山科家に仕える雑掌の大沢久守の日記『山科家礼記』（一部はその一族と思われる重胤の日記）には飲食の記事が多いことが知られるが、まず長禄元年（一四五七）の記事をみると、七月より十二月までの四ヵ月強の期間に五回も汁が登場する。

七月二十五日　飯尾彦二郎所に夕飯しる候也、入道殿、私も罷出候也。
八月二日　今朝飯尾下総守所にしるあり。同左衛門大夫、合木興行也。

十一月二日　飯尾加賀守殿しる候也、入道殿も私も罷向候也。
十一月二十日　飯尾加賀守、同さへもん大夫殿来臨、朝飯、汁候也。
十二月一日　本所のそうのしる今日よりアリ。

これはさきの『言継卿記』の記事よりも約七十年前である。応仁・文明の乱以前で、衰退しつつある室町幕府の勢力も、まだ少々は安定していた。記事のなかに盛んに登場する飯尾《いのお》氏は、室町幕府の事務官僚・奉行人の筆頭で、下総守（飯尾為数）や左衛門大夫（之種）はのちに政所執事代を任命される実力者であった。幕府内の有力官僚の食事会にしばしば招かれていたわけだが、その会の呼称が汁であったことに注目したい。最後に登場する本所は大沢久守が仕える山科家のことで、「そうのしる」のそうは惣の意味か。惣の汁ということであれば、一族郎党が集まる会食の意か、とも思えるが判然としない。

この十一年後、応仁二年（一四六八）の汁会の記事は、約九ヵ月分（三ヵ月分の日記が欠けている）のなかに二十六回登場する。さきの記事でもそうであったが、汁が振舞われるのは確かであるが、『言継卿記』や近世の汁講のように飯持参の記事はないので、汁講というような持ち寄りの会ではなく、会食に近いのではないか。つまり食事の会を汁で表現していると考えてよい。

さてまず応仁二年正月七日の汁の記事。

本所、今朝新三位殿陣屋御汁在之、仙洞御番御出、事外大御酒也、美物院御所ヨリ被出、長門守殿被参、色々ウタイ一興在之、長門守小榧一、串柿一連進入也、

いかにも正月らしい宴会である。美物院から届けられた酒をついつい飲み過した。そのうち新しい客も現われて謡があったのは興味深い。というのは、謡だけで独立した芸能に成長していることを示す、ごく初期の史料だからである。現在でこそ謡を趣味とする人は多いし、それだけを習う人もいる。しかし本来は演能の一部であって、専門の能役者の芸の領域に属していたはずである。ところが謡はそれだけで早くから自立し、素人の芸能に育っていった。とともに謡を素人に教える職業的な師匠が成立する。こうした芸能の楽しみ方は遊芸といって一般的には一八世紀ごろに展開するシステムであるが、謡についていえば三百年以上も早く、そうした遊芸化がはじまっていたのである。

汁振舞いと酒

『山科家礼記』に戻ろう。二十六回の汁の振舞いのなかで注目されるのは酒との関係である。さきの「大御酒」は汁とともに供されたのか不明であるが、おそらく別であろう。やはりこの段階でも汁は基本的に飯と共に振舞われる。ただ飯の間に酒がなかったわけではない。食事中の酒を中酒《ちゅうしゅ》といい、その記事が頻出する。同年四月の中酒と汁の記事だけを抜書しよう。

二十日　今朝伯二位殿御汁、藪殿御中酒御沙汰、本所御出、
二十一日　今朝庭田殿御汁、中御門御中御酒御沙汰、本所御出也、
二十二日　山口方出来汁沙汰也、中酒色々煩也、（中略）今夕公家御方之御汁、東坊城大蔵卿殿御沙汰、中酒本所御沙汰、柳一桶入也、

これは汁の振舞い手と中酒の振舞い手が違うことを意味している。伯二位とか庭田とかいった公家が汁を供し、藪、中御門などが中酒を出す。二十二日の後半では、東坊城大蔵卿（長清・二十九歳）が汁の提供者である。それに対して中酒を出したのは久守の主君山科言国（十七歳）である。柳とは酒の異名。酒を一桶、中酒として出したのであろう。つまり、酒礼や酒宴の酒と区別して飯中の酒の意で中酒の概念が確立し、汁・飯と組み合わせられていることがはっきりわかる。

五月二十五日には、こうした汁振舞いの規模の大きなものが開かれた。

今朝長門守殿、山田新左衛門方、将監方、予、忠英中務所在之間、竹子汁、中酒予仕候也、弥五郎方、竹阿同前、弥六、猿法師飯、次郎太郎、次郎五郎酒のませ候也、中務所一銚子、政所衛門一銚子遣也、代三十疋入也、房酒也、

竹の子の汁も中酒も用意したのは大沢久守（このとき三十九歳）で、竹阿弥とか猿法師と称する人物などかわったメンバーである。人数も十一人と多い。

さて汁の趣向であるが、六月三日にも竹の子がでる。

禅宗竹子一束進入候、則今朝御汁也、

もらい物の竹の子で早速汁が仕立てられた。

六月十日の項では、

将監方河狩沙汰、今夕則御汁候也、

とある。河狩は川での漁で、何の魚か記していないが、獲れた魚を使って汁が用意されたとも考えられる。そのときどきの珍物を用いて汁の用意がされた。七月二十日の条には「一もし汁」が出るが、これは「一文字」で葱の汁であろう。

また十二月二十二日の条には、

今夕、いくちとりにとて人々被行、夕飯御汁在也、猪口（茸）採りに人びとが出掛けたのであるからその汁も茸汁であったのではないか。ただし茸狩りを厳冬の年末にするはずはないので、日記の校訂者も注しているように、この月の記事は本来、八月に置かれていたものが十二月に混入してしまったとみるべきだろう。

文明二年、三年（一四七〇、七一）の『山科家礼記』は記者がかわり重胤という人物が執筆している。二十四歳の若者ながら書きぶりがよい。ことに食べものに興味があったとみえ、詳しく品名を記している。

文明二年十月から登場するのは巡仕汁である。

十一日　今夕汁在之、佐渡守、藤左衛門出来、佐渡守沙汰巡仕候也、
（十一月）二十四日　今夕巡仕汁在之、俊蔵主沙汰候也、
二十六日　今夕巡仕汁在之、美作左衛門方沙汰候也、
二十七日　今朝汁在之、巡仕予沙汰候也、
晦日　今朝巡仕汁在之、掃部助方沙汰也、

以上が巡仕と明記された汁である。たとえば、十月十一日の巡仕では、佐渡守が沙汰している。引用はしていないがその四日後の十五日には、やはり佐渡守と重胤を交えて汁の会があり、このときは予（重胤）が沙汰している。さらに三日後の十八日には同じメンバーで藤兵衛尉が沙汰している。つまりもち回りで汁の沙汰人（亭主）をつとめている。巡仕とは亭

主役が順番に巡《めぐ》ってくることで、当時流行した茶会でも順事茶というのが登場する。やはり茶の亭主役を順番につとめる茶会である。汁の振舞いは、次第に遊び化する可能性を含んでいた。

文明三年十一月四日の会は、汁の振舞いが歌会に発展した例である。

於御坊今日十疋宛喰物勝負在之、今朝先此人々汁中酒《からさけ》、御坊沙汰、次当座廿首御座、予一首詠進、本所御酒、御坊ふ、長州しいたけ、宮内卿殿酒、松林院のしあわひ、宝堂坊ふ、刑部卿殿こんにやく、江州宮内卿くるミ、彦兵衛殿まんちう、豊将監殿同、美作左衛門方まんちう、予ふゑんの鯛汁《やきもの》、此人数予、豊監両人勝、残まけ也、則まけ衆酒興行大酒也、

御坊のふるまいで汁と中酒（当然飯も）が供されたあと、食べものと酒を主題としてそれぞれ即興の歌を詠んだ。できた和歌の優劣を競う勝負で、その結果、重胤と豊将監の二人の勝ちとなり、勝負のあとの酒宴は負け組の負担になって大酒を飲んだというわけである。汁の会はまさに遊興の会となっていた。

『山科家礼記』にはこの他にもたくさんの汁の会の記録がある。中世の宴会で飲食を主とする会の代表が汁であった。汁の材料について記す例は決して多くないが、狸汁も数回あらわれる。文明三年十二月十五日には、

後藤孫六、たぬきのあらまき一まいらせ候也、

とあり、翌日には、「今夕、於陣屋御汁在之、狸也」とあるから、狸の塩漬が翌日汁に仕立てられたのであろう。

すでにあげたものを除くと汁の実として登場するのは、干鮭、鮊、鮒、鯉、平茸、鳥、かぶら、鯰、ふき、鴨、わらび、鷹、カキ、エイ、等があり、その他、精進汁、あつめ汁、味噌焼汁などの仕立て法も記載されている。

中世の食事体系のなかでいかに汁が重要であったか、こうした記録のなかからも十分うかがえる。汁なしでは飯が食べられない、という意味では、汁は主菜と同等の位置にあった。何もかも雑多に煮こんでしまってボリュームのあるあつめ汁は、飯とではなく酒と一緒に食べれば雑煮であった。

中世の汁の振舞いの伝統が、やがて中世的な自治の伝統を確認する寄合いの象徴として近世社会にも町汁として残っていったといえよう。

二　日本の食事文化における外来の食

外来の食受容の四つの段階

日本の食文化は、外来的要素を除外しては考えられない。極端ないい方をすれば、食品のほとんどすべてが外来の文化であるとさえいえよう。原始古代から現代にいたるまで、間断なく外国から日本は食文化を受容しつづけてきた。逆に考えると、食文化における「日本的なるもの」とは何かといえば、まことに頼りない印象を拭いきれない。

従来、日本という概念はあいまいに使われてきたきらいがある。ここではひとまず北海道と沖縄を境界領域と考え、本土という地理的領域を日本として限定しておこう。さて、そこで日本的なるものを考えるには、欧米との比較でことたりると考えられがちだったのであるが、石毛直道氏をはじめとする文化人類学の研究成果は、かつての篠田統氏の業績などをふまえて、東アジアの食文化研究に大きな光をあててきている。その結果、欧米との比較よりも、まず東アジアの枠で食文化の比較を試みる必要があることが明らかになった。何が東アジア的であり、何が日本的かを明らかにすることで、「日本の食の原型」というテーマに近づくことができるであろう。

外来の食が日本に定着してきたといいながら、そこにはいくつかの段階があった。まず第一に日本が外来の食を、かなりランダムに受容した段階。いつ何を受容したか、というのが第一段階。第二に受容したものの、すべてが定着したのではなく、受容はしたが定着しなかったものも少なくない。ここには選択のスクリーンが機能している。つまり、日本独自の選択の段階があって、そこをくぐりぬけたものが日本化への道を歩みはじめる。これが第二段階。

選択されたものが定着する過程をもう少し細かにみると、受容されたままの姿で定着する素材は多いが、調理法や味つけにいたっては、そのままということは少ない。食は変容する場合が多い。外来の食のなかの一部の要素が脱落して変容する。これを第三の段階と考えよう。変容はしばしば他の要素を代替したり加重したりすることによって融合され、新しい食品や調理、さらに食べ方を生んだ。ここで在来の要素と融合する段階を第四の段階と考えておこう。

すべての外来の食が受容・選択・変容・融合の四つの段階を踏むということではないが、多くの場合、日本に入ってからの長い歴史的過程があるわけで、これを無視してただちに東アジアの事物との類似性を求めることも慎まねばならぬ。いいかえるなら、安易に欧米との比較で日本的なるものを求めてはならぬのと同様に、歴史的過程ぬきの比較も注意深く避けねばならない。そのうえで、さきの四つの段階をとおしていかなる選択のスクリーンが働いているのか、スクリーンの、網の目の大きさや性格、その方向性などが構造的に明らかにされることが望まれよう。もちろん明快な解答が用意されるはずもないが、今後、いろいろな仮説をたててみたいものである。

い。

牛乳と茶

受容と選択という問題について、日本古代の食文化から、牛乳と茶を例に取りあげてみた

牛乳については、和仁皓明氏が「酥酪考《そらく》」（『飲食史林』七号、一九八七年）を発表され、中国の文献を利用して新知見をつけ加えられたが、氏も述べておられるように、酥と酪と醍《だい》醐《ご》については、必ずしも明確な資料がなく、実態は類推の域を出ない、という面がある。先年も某テレビ番組で醍醐をつくる実験をしており、一昼夜煮つめた牛乳を、さらに一昼夜冷やし、その中央部にできた脂肪のかたまりを醍醐であると説明していたが、仮説としては興味深いが、文献史料的にはほとんど根拠のない実験である。正確にいえば、日本の文献には醍醐の実態を示す史料は一点もない。ましてその製法など記したものはない。醍醐がないばかりでなく、驚くべきことに、酪に関する実態を示す史料もない。『和名類聚抄』『医心方』に記される酪の記事はいずれも中国の文献を紹介したにすぎず、日本で酪が生産されていたことを示すものではなかった。この点は中村修也氏の論文「日本古代における牛乳・乳製品の摂取」（『風俗』二六巻四号、日本風俗史学会、一九八七年）に詳しい。以下氏の論文の要旨に従って述べよう。

日本での牛乳および乳製品の史料は、牛乳そのものと、加工品としては乳脯《にゆうほ》、酥、および生酥である（日本の史料では蘇の字が使われることが多いので、以下酥は蘇と記す）。信憑

性の高い史料によると、『大宝律令』に乳牛院の記事があり、『続日本紀』和銅六年（七一三）に山背国に乳戸五十戸を置いた、という記事が現われるのが、日本における牛乳関係史料の早い例である。『侍中群要』をみると、延喜十三年（九一三）に、朝廷に献じられる供御の乳は一日三升一合という規定がある。この牛乳がそのまま飲まれたのかどうかわからないが、相当量の牛乳が朝廷で消費されていたことがうかがわれる。木簡にも牛乳関連の資料が少なくない。

一〇世紀初頭まで比較的頻繁に牛乳ないし乳製品の記事が史料中に現われるのに対し、一〇世紀中期からは儀礼用の貢物として現われるほかは用例が減じ、一一世紀に執筆された藤原実資の日記『小右記』によると、牛乳を煎じて飲むように医者に勧められたことや、薬用として連日牛乳を飲む公家のことがみえる。したがって当時、牛乳が飲用されることは皆無ではなかったが、あくまで薬用であって、日常性は失われていたとみてよい。

一方、蘇についてはどうであろう。養老六年（七二二）に七道諸国より貢蘇を命じた記事が『政事要略』にあり、そこでは櫃《ひつ》ではなく籠をもって運搬するように規定されている。しかしこのことからただちに蘇が固形物であると類推することはできない。ここでいう籠は容器を収める外箱であった可能性が高い。おそらく液体でも固体でもないベトベト状のものか、とされるのが当たっているだろう。というのはその製法がまだ明確さを欠き、類推を重ねるほかないからだが、少なくとも日本の史料に現われる唯一独自の蘇の記事は『延喜式』にみえる作蘇法「乳大一斗煎、得蘇一大升」のみで、ここではスターターとして微生物を利用し、発酵させる製造工程はない。単なる加熱濃縮して得られるものとみられるからである。したがって、甜酪《てんらく》とか飧《そん》といったスターターにあたるものを入れて発酵させる中国の酥と日本の蘇は、文字は共通しても実体は別と考えるべきである。

もうひとつ実態が明らかでないもののひとつに生蘇がある。平城宮址から発掘された木簡に「近江国　生蘇　三合」と記されたものがある。生蘇を加熱濃縮製品とみて、蘇を史料的には確認できないながら発酵食品と考えることも可能かもしれない。これ以上文献上はわからないというほかはない。またさきの『小右記』には「乳脯廿枚」を贈った記事がある（寛仁三年、一〇一九）。これもほかに用例がないので製法は不明だが、牛乳を煮沸して生じる「浮皮」を湯葉と同様にとるものかと、その名称から推定される。

中国に強いあこがれをもち、大唐の文化を積極的に取り入れてきた奈良より平安初期には、日常的にも牛乳および乳製品の使用が認められるにもかかわらず、さきの薬用として牛乳を飲んだという『小右記』の記事（長暦三年、一〇三九）以後は、一次史料のなかに牛乳に関する記事は消滅してしまう。以後、儀礼用の貢物やその説明、あるいは乳牛役の停止という否定的な史料しかみえず、再び登場するのは江戸時代の中期であった。つまり日本人の乳牛史は、六、七百年の空白期をおき、日本の近代化のなかで再びはじまる。

なぜ牛乳および乳製品が消えてしまうのか、その理由を説明するのはむずかしい。ある説によれば、中世の武具製品のために五百年間に二百四十万頭の牛が必要で、牛が少なくなったからだともいうが、あまり説得力はない。その理由は日本人の嗜好の問題というほかはない。今日、これほどに国際化して欧米的な食生活が日常化しているにもかかわらず、やはり欧米に比べると日本人の乳製品の消費が格段に少ないのは、大型家畜を食用に受容しなかった歴史的過程がおおいに関係しているのであろうが、根本的には乳製品のにおいと味に対する嗜好が、なかなか変化しない点に大きな理由があろう。また安本教傳氏が「味の素食の文化フォーラム」で次のように発言している。これは嗜好を前提として考えるべき問題であろう。「黄色人種のなかでも日本人はとくに乳糖不耐症が高頻度でおこることも原因のひとつでしょう。成人が牛乳を二本も飲むと九九％の人は下痢をおこす。こういう生理的な面も絡んでいるのではないでしょうか。しかし現在は子供の不耐症発症率は大変低くなって大学生あたりでも五〇％になっています。つまり遺伝形質のほかに後天的な点もあると思います」（熊倉功夫・石毛直道編『外来の食の文化』ドメス出版、一九八八年）。

古代という枠で考えたとき、受容されながら定着せずに消えた一例として牛乳および乳製品を取りあげたが、それと比較するうえで、古代の茶の場合を考えてみたい。

日本における茶の初見史料は乳製品よりだいぶ時代が下がって、九世紀初頭に現われる。それは弘仁六年（八一五）、嵯峨天皇が近江の梵釈寺において大僧都永忠より献茶を受けた記事である（『日本後紀』）。その後、茶の史料は急激に増加する。この大僧都永忠は在唐三十年という経歴をもつ人物で、当時中国で流行していた飲茶の風俗を身につけて帰国し、持ちかえった茶をやはり中国びいきの天皇に煎じてたてまつったものである。正史に茶の記事が現われるのは九世紀であるが、それ以前に遣唐使の派遣にともなって中国から飲茶風俗が伝えられていた可能性は十分あろう。

奈良・平安初期の中国文化へのあこがれが、嗜好を超えた要求として中国大陸の文物を受容したことはさきの牛乳の例も同じだが、茶についても、内裏に茶園を設け、畿内近国に茶樹の植栽を命じ、漢詩のなかに茶を詠じるなど、貴族社会では日常化しつつあったことがみえる。ところが、やはり一〇世紀に入り、中国文化への傾倒が薄れ、いわゆる国風文化の時代になると、茶もまた形骸化して行事のなかにわずかに姿を残すばかりとなった。その代表的な行事は春秋に行なわれる季御読経《きのみどきょう》で、このなかに引茶がある。実態は明らかではないが、僧侶たちによって神仏に供茶が行なわれたものであろう。平安時代の茶の記事で唯一興味深いのは、やはり『小右記』長和五年(一〇一六)五月十一日の条にある、藤原道長が喉のかわきをいやすため茶を飲んだという記事で、薬用として茶が残存している点もさきの牛乳と同様である。

茶もまた中国から受容されながら、定着にいたらず消滅した外来の飲む文化のひとつであった。しかし、牛乳と茶の違いは、空白期が茶は短くて、約三百年足らずのちに再び飲茶法が伝わって、今度は日本に定着した点である。

鎌倉時代初期に中国から栄西が新しい喫茶法をもたらし、『喫茶養生記』を著わしたことはよく知られるとおりであるが、ではなぜ八世紀の茶は定着せず、一三世紀の茶は定着したのであろうか。ここにも嗜好の問題がかかわっていると思われる。奈良時代末に入った茶は団茶といわれる後発酵茶であったと推定される。生葉を加熱し揉捻・乾燥させて一般の茶はできるのであるが、後発酵茶というのは揉捻の後に発酵させる工程がさらに加わってある種のカビが生じ、その結果、独特の味と臭気が醸成された茶である。団茶はこれを固形にしたもので、運搬の便によく、大きさも大は数十キログラムのものから小は貨幣大のものまで、各種の団茶がつくられた。

ところが一三世紀の栄西がもたらした茶は浙江省でつくられた不発酵の緑茶で、『喫茶養生記』に記されたその製法からみて、今日の抹茶とほとんどかわらなかった。現在、団茶を試みに飲んでみると相当に渋く、しかも異臭がある場合もあり、あるいは釜煎りのためにこげ臭い。乳製品と同じく複雑に加工されたという印象が強い。これに比して緑茶はいかにも植物の葉そのままのイメージが保たれ、香りは青くさく、味は蛋白質《たんぱく》（テアニン）のうまみが強い。やはり日本人の好む海藻と、香りも味も共通する点が多いのである（外国人に茶の香りをかいでもらうと、海苔のにおいに似ていると答える場合がある）。このような団茶と緑茶の差が、一方はいったんは受容しながら定着せずに終わり、また一方は再渡来したときから急速に定着して、独自の茶の湯文化までつくりあげるような発展をみるという違いを生んだのではないか。これも嗜好というスクリーンの問題といってよかろう。

赤米と赤飯

つぎに変容と融合について述べる。

私は昭和六十二年（一九八七）夏に中国雲南省の西双版納《シーサンパンナ》へいき、ここで紫糯米《しじゅまい》を食べた。相当精白しても紫の米で、炊くとちょうど日本の赤飯に近く、そのルーツともいわれる赤米の一種である。ところで食物史の概説などにも赤米が赤飯の源流であると記されている。しかし単に色の類似からそのように理解してよいのであろうか。また赤飯の源流は、紫糯米なのだろうか。

中国の糯米《もちごめ》の利用については周達生氏の研究がある（「モチ米の利用——少数民族にみるネチネチ食品のあれこれ」『雲南の照葉樹のもとで』日本放送出版協会、一九八四年）。これによるととくに少数民族の中に糯米の嗜好が強く、最近の少数民族保護政策のなかで糯米が復活しているという。用い方はタイ族のように日常食としている場合もあるが、多くの場合、日本と同じように祝事には欠かせぬようである。さきの紫糯米も土産用に紙箱に入れて販売されており、非日常的性格の強い米のようである。

また、中国の少数民族と日本人の間に、糯米の味と香りに対する強い嗜好の共通性もあることがわかった。ねばり気の強い米を好む共通性はあらためていうまでもないが、香りも同様である。西双版納の市場で茶葉と一緒に乾燥した木葉が売られていた。異様なにおいの葉で、尋ねると茶のなかに少量まぜて香りを楽しむものであるとのこと。周達生氏の論説によるとオームといい、漢字では糯米香葉と書くという。糯米を炊いた香りの葉である。

この葉を一袋買ってホテルに帰り、荷物にしまいこんでおいたところ、しばらくすると部屋中が異様なにおいにつつまれた。はじめ何のにおいかわからなかったのだが、とりだしてみるとオームのにおいである。とうてい香ばしい糯米のにおいではなく、むしろネズミなどの動物の巣のにおいである。糯米とネズミのにおいは似ている。実はこのにおいを良いにおいと思ったのは、西双版納の人びとばかりではなく日本人も同じであった。

篠田統氏の『米の文化史』（社会思想社、一九七〇年）につぎの一節がある。

いま一つ、インド稲系統の品種の中に鼠米というのがある。鼠の小便の匂いに似ているから、かく呼ぶのだが、その量が非常に少ない場合には案外香りがよくて、香稲・麝香米などともよばれる。

これはインディカ系の米の話であるが、炊いた米のにおいとネズミのにおいという共通性は、ここにもみえる。濃いと悪臭としか思えないにおいだが、薄ければ芳香と感じるのである。このようなかなり特殊な糯米のにおいに対して日本人も強い嗜好をもっていたことがうかがえる。

以上のように、糯米に対する中国西南部の少数民族と日本人の嗜好上の共通項は多いが、しかし少数民族のおこわが日本の赤飯にただちにつながるものではない。第一におこわにつけられる色の問題である。ミャオ族の祝宴には姉妹飯といわれるおこわが用意され、赤・黄・黒などの色に染めて供する。またトン族の場合は白いおこわの上に赤い紙を貼って贈り物にしている。いずれもかなり色が強調されている。西双版納の自由市場ではタイ族の女性が黄色に染めたおこわと、ほとんど黒に近い赤色に染めたおこわを売っていた。このように強烈な色に染めた食べものを日本の食文化で探すとすれば、奈良談山神社の百味の御食のような、赤・黄・緑などに染めた高盛飯風の神饌あるいは仏供であろう。神饌類が歴史的にどこまでさかのぼれるものか明らかではないので、安易な結論は出せないが、あるいは、染め分ける手法もいったんは受容されたのかもしれない。しかし少なくとも定着することはなかったし、赤飯の色とも直接つながるものとはいえない。

第二に、おこわのなかに入っている豚肉や油類である。西双版納のおこわの一種はいわゆる八宝飯で、肉や棗《なつめ》の果肉などをふんだんに入れたおこわであった。日本の赤飯が小豆以外のものを入れないのに比べると大きな違いである。おこわに限らず粽《ちまき》をみても、あく巻系統のものは日本にもあるが、肉粽の系統のものは受容されない。そこには肉のみならず油に対するある種の拒否反応が日本にあることを思わせる。

中国の糯米の調理と日本のそれは、もっとさまざまな面から比較しなければならないが、その間の異同はかなり大きい。紫糯米と赤飯を結ぶためには、色の共通性以外により強い因子がなければ説得力がない。そこで日本の赤米が問題になろう。古代の米は赤米であったのが、しだいに駆逐され、後代にいたって古い赤米の記憶が、ハレの日に赤飯を供する民俗となった、と説明されるが、これは十分な根拠がない。その理由の第一は、日本の赤米のなかに糯米がほとんど出ないことで、記録に残される赤米も、また対馬と種子島で現在つくられている赤米もジャポニカの粳《うるち》である。赤米のおこわを食べていたということを実証するのは案外むずかしい。

第二に、赤米が消えたのは、そんなに古い記憶ではなく、嵐嘉一氏の研究によれば、米作に適さぬ耕地でも赤米の栽培が可能であったために、西日本を中心にかなり広範囲の作付がみられ、明治時代でも赤米を完全に駆逐することはできなかった（『日本赤米考』雄山閣、一九七四年）。この赤米の普及は、歴史的にみて、中世である。インディカ系の大唐米は鎌倉時代以降とされる。しかも赤米はハレの場に用いられるような上等な米ではなく、できれば排除したい悪米であった。そこからは、とうてい赤飯のイメージは生じない。赤米と赤飯は別個のものと考えるべきではないだろうか。

赤飯の重要な要素は小豆である。むしろおこわ（糯米）に対する強い好みと、小豆のもつ呪術性が融合して、赤飯がハレの食べものとして展開したとみるべきであろう。小豆に呪術性を認める例は、すでに古代中国にあった。南北朝期の『荊楚歳時記』に疫鬼が赤小豆をおそれるので、冬至の日に、死んだ子どものために小豆粥をつくって鬼をはらう、と記され、一種の疫病神のはらいに用いられたことがわかる。この習慣は中国の周辺の東アジア諸国に伝わり、朝鮮半島でも日本でも冬至ないし正月前後に小豆粥を食べるようになった。

前出の『米の文化史』によると、中国地方の出雲以東、あるいは高松や伊勢などに、正月の小豆雑煮の習慣があり、小豆そのものが予祝の食べものとなっている例は少なくない。言葉を探してみると、愛知県で小豆粥を黄金粥とよび富貴のイメージに結びつけている。サクラガユ（富山県）というのは色と同時に、サクラという農耕神への連想が働く言葉であろう。トシナガユ（岩手県）は歳神に結ばれる呼称。ヤワタリガユ（鳥取県）は引越祝いの小豆粥である。岡山県のシロムシは白いおこわに、煮汁を捨てた小豆だけをのせるもので、赤飯でなくとも小豆の予祝性が発揮されている一例である。また愛知県のクモノコというのは糯アワに小豆を入れたもので、主旨は小豆にあったとみられる。

このような小豆の力がおこわの嗜好と融合したところに赤飯が登場してきたのではないかと考えている。すなわち、さきに掲げた四つの段階に引きなおせば、糯米を好む日本人の嗜好を背景におこわは受容・定着をみたが、しかしその過程で糯米を染めることや、肉・油を加える調理法が脱落し変容して、そのかわり小豆と融合して赤飯が誕生した、という仮説を述べてみた。

外来の食を受け入れた時代

外来の食べものを考えるとき、何時代にどんな食品が日本に導入されたのか、という点も大切だ。星川清親氏によると、日本で食用される豆類は各時代に平均して移入されているわけではなく、ある時期に、はっきりとまとまった入り方をしている（「日本の豆類」『講座食の文化・第二巻　日本の食事文化』前掲）。大豆や緑豆はかなり古く入ったようだが、何世紀に入ったという具体的な年代についてはまだ実証にいたっていない。おそらく縄文・弥生の交点のあたりには入っているだろう。

蚕豆《そらまめ》、大角豆《ささげ》、豌豆《えんどう》などは七、八世紀頃から現われてくる。隠元豆《いんげんまめ》、藤《ふじ》（鵲）豆、刀豆《なたまめ》、あるいは落花生などになると江戸時代前期。すなわち一七世紀中期より一八世紀にかけて、ということになる。さらに明治維新後一九世紀の後半にもうひとつの山があるだろう。つまり豆が日本に入ってきた時期だけをとってみても、外来の食が日本に受容される時代の山があり、考古学的時代を別にすると、七、八世紀、一七世紀、一九世紀という三つの山があったことが確認できる。この三つの時代は、日本が国際化を果たした時代でもある。七、八世紀は唐文化を摂取して律令制国家を形成した時代であり、一七世紀は大航海時代の結果、表面的には鎖国体制をとったものの、食べものと同じで、鎖国という独自のスクリーンをとおしてむしろ積極的に外来文化を受け入れた時代であった。一九世紀はいうまでもなく文明開化の時代である。このような歴史のうねりのなかで、外来の食の受容から融合にいたる過程を考えねばならない。

たとえば七、八世紀が外来の食を受けとめた大きな山となる時代であると述べたが、それは食品だけの問題ではなく、食礼や食事の様式の問題をもふくんでいる。平安時代に貴族の正餐として定着する「大饗《だいきょう》」も、中国文化の影響下にできあがったものだろう。しかし、その献立と様式はあまりにも中国的であったから、定着するにはさまざまの部分が脱落していった。内容からいえば、魚醬や鳥獣の醬はまもなく失われていく。あるいは油で揚げた唐菓子といわれるものも消えていった。いまでも神饌に米の粉を練って油で揚げた「餢《ぶと》・梅枝《ばいし》」などの唐菓子系統のものがあり、あるいは京都の菓子舗では清浄歓喜団とよばれる揚げ饅頭のような唐菓子風の菓子を、今日も販売しているが、それは本来の唐菓子が残されたごく特異な例であって、小麦粉を練って油で揚げるという手法は日本の菓子の主流からは失われた伝統である。ここでも油をふんだんに使う料理は脱落しており、天ぷらなどの油の料理は近世まで稀なのではないか、と思える。精進料理のなかの油はどう考えるべきか、という問題は未解決だが、平安時代の精進ものを記す『新猿楽記』中に「油濃き」とあるのは、当時の人びとの嗜好にあっていたものを示しているのではなくて、むしろ奇妙な食べもの、ないし悪食の例としてあげられているのではないであろうか。「油濃き」料理はなかなか日本人の嗜好に合わなかったのである。

大饗料理から脱落していったものは食品や料理だけではなく、食器中の匙や食卓としての台盤そのものも失われた部分である。大饗の食卓には馬頭盤に箸とともに匙が置かれていたのは、当時の図が示すところだ。その脱落は器のパターンと深い関係があろう。つまり、直接に器へ唇をつける食礼のもとでは、食べやすさや手なりのもちやすさから、器は椀形をとって発達した。そして汁は熱の伝わりにくい木椀から直接口で吸われる。器から唇までを仲介する匙は不要なものとして捨てられた。

このように直接器に唇をつける習慣は食器に対する属人主義に発展する。いまでもわれわれは箸や飯茶碗、湯呑などを個人所属の器としてもっている。かつてはさらに汁椀や皿、膳まで個人所属であった。おそらく大饗の台盤が失われるのも、共同膳が、さきの属人主義の日本人の食礼に合わなかったからだろう。明治時代のチャブ台の発明まで、日本人は複雑で大きな食卓（共同膳）を囲む習慣を身につけなかった。歴史上に現われる共同膳、たとえば飯台や卓袱《しつぽく》台は、つねに外来の食文化であり、一般的な定着にはいたらなかった。外来の食文化としての大饗もいったんは受容されたものの、大きな食卓は廃されて、かわって個人膳である高坏を並べ、大卓にのっていた料理を分割して載せるようになる。

大饗料理に象徴される古代的食文化の変容が、いつごろ終了するのか明確にはいえないが、日本の食文化としてのスクリーンができるにしたがって（スクリーンそのものが、変化を前提とする歴史的産物と考えたほうがよいであろう）、選択、融合が進み、古代を克服して中世が登場するとき、日本の食の原型も、ようやく姿を明らかにしてくるのである。

外来の食を受容するにあたっては、必ずしも嗜好とは別の基準、たとえば外来文化への憧憬といった価値観のもとに受容の行動がとられるのであるが、定着に向かって選択する段階で嗜好に合わぬ乳製品や団茶などが脱落したことはさきにみたとおりである。そして再び嗜好に合う製法が選ばれたとき、受容は定着の段階に進む。団茶から緑茶へという例をその一例にあげた。さらに変容することで外来の食が自己変革をとげる例は、大饗の食卓にもうかがえる。新たに別の要素を加えて折衷融合させた新しい食文化の例として赤飯をあげた。こうした過程を経て、日本料理の最も完成されたスタイルとしての懐石が近世社会に確立したといえよう。さらに文明開化以降の和洋折衷料理の誕生を含めて、近代における日本料理の展開をみる必要があるが、それは又、「近代日本料理文化史」として別の考察の機会を得たい。

あとがき

私が料理に関心をもつようになった契機は、大学院生のころ、毎月開かれた研究会の食事であった。裏千家東京出張所の多田侑史さんが、東京大学史料編纂所の森末義彰先生（当時は白百合女子大学教授）、菊地勇次郎先生を講師として『資勝卿記』の本読み会を開いておられ、これに昭和四十一年より加えていただいた。総勢八名ぐらいの会で、何よりの楽しみは、研究会のあとの食事であった。当時お元気であった吉田栄三氏が毎回苦心の献立を用意し、これを多田さんが解説しながらいただいた。『資勝卿記』そのものが料理の記事に富み（本書の第一部第二章はこの研究会のおかげでできた）、しかも森末、菊地両先生は名著『食物史』の著者であったから、話題は豊富で、まことに楽しい会であった。

当時、出張所で出会った筒井紘一さんと一緒に、多田さんをホストとして、のちに『淡交』誌上で、「懐石遡源」の連載をしたのもこの研究会の食事から派生したといってよい。この連載で、故川上行蔵先生や故辻嘉一氏、あるいは今や日本仏教界を代表される有馬頼底氏をお招きしたのも忘れがたい思い出である。その成果は、村井康彦氏の編になる『京料理の歴史』に加えていただいた。

こうして生まれた料理への関心を学問としてきたえていただいたのが、石毛直道氏の主宰した国立民族学博物館の共同研究「東アジアの食事文化」であり、さらに味の素食の文化センターが開催する「食の文化フォーラム」である。ここに収めた文章の原型は、これらの報告書にのるものが多い。フォーラムに集う方々は、いちいちお名前をあげられないが、すべてご恩ある私の先達である。

こうした研究と併行して、食の現場に、ことあるごとに誘って知見を広げて下さったのが生活料理研究家の日出山南枝さん。日出山さんとヨーロッパへ日本料理の講演と実演旅行をご一緒できたのは、これまた楽しい思い出である。

この他にもたくさんの方のおかげを蒙り、お力添えいただいたにもかかわらず、この程度の貧しい成果しかあげられなかったのは、私の力が乏しいためとはいえ、申しわけないことである。森末、菊地両先生も今はいない。たぶんこの本を進呈したら、あちこち疑問符をつけてつき返されるであろう、と思いつつ、最近いささか健康を害されている多田侑史さんに本書をささげたいと思う。（追記　多田さんも二〇〇九年になくなられた。）

味の素食の文化センターが発行する雑誌『vesta』に連載した「中世の食」に目をとめて、人文書院の落合祥堯氏が声をかけて下さって本書ができた。当初の予定とは大分違ったものになったが、従来書いてきたものを一まとめにする機会を与えて下さったのは、セインズベリー日本藝術研究所である。研究所のニコル、ティム、ジョン、ヒロミ（失礼ながらファースト・ネームで）の皆さんにも、あわせて心よりの感謝の念をささげたい。

学術文庫版のためのあとがき

思いがけず本書が講談社学術文庫の一冊に生まれかわることになった。筆者としては望外の喜びである。本来なら全面的に書きあらためたいところである。副題として「懐石を中心に」とあるように茶の湯料理として誕生した懐石の独創性を明らかにするのが、本書の大きな目標であった。そのために、読者に一番訴えたい懐石そのものの誕生とその後の発展をはじめに置き、懐石誕生に至る歴史的経過をあとから読んでもらおうと、本書の構成を考えた。「序にかえて」に書いた通りである。しかし、今となってみると、やはり成功しなかったように思える。今、書きあらためることもできないので、先に第二部を読んでから第一部をお読みいただくのも、良いかなと考えている。

今回、読みかえし、また校正の方からもご指摘いただいて誤りや、わかりにくいところをかなり訂正することができた。本書が出版されたころは、食物史としての研究はあっても、文化史として日本料理を考えるという視点の書籍は少なかった。ことに懐石に注目する研究者は畏友筒井紘一氏以外にいなかった。筒井氏はその後、『懐石の研究――わび茶の食礼』（淡交社、二〇〇二年）、『利休の懐石』（角川選書、二〇一九年）の二著で、懐石の全体像を描こうとされている。あわせてお読みいただきたい。

文化史あるいは文化論として日本の食を考えるということでいえば、三、四十年ほどの間に、この方面の研究が非常に盛んになった。そうしたアカデミックな研究成果の一つが、二〇一三年十二月四日に決定した「和食」のユネスコ無形文化遺産登録ではなかったかと思う。もちろん登録は各界の人びとの協力によって実現したことであるが、ユネスコへの申請書の中には、日本の伝統的な食文化がデータベース化され、保護継承のための研究がおこなわれてきたこともあげられている。和食の登録を機に京都府立大学をはじめ和食文化の研究が高等教育機関でもはじまった。

私は二〇二〇年一月より三月まで、NHKラジオで十三回にわたり「和食という文化」と題する話をした。そのテキストとして出版された『和食という文化』（NHK出版、二〇二〇年）において、文化として和食を考えることの意味を私なりに示せたのではないかと思う。これもあわせてご覧いただければ幸いである。

学術文庫収録にあたっては、同編集部の青山遊氏はじめみなさんのご厄介になった。あつく御礼を申しあげる。

二〇二〇年四月十五日　　熊倉功夫

本書の原本は、二〇〇二年に人文書院より刊行されました。

熊倉功夫（くまくら　いさお）

1943年東京生まれ。東京教育大学文学部史学科卒業。日本文化史専攻。文学博士。国立民族学博物館名誉教授。主な著書に『後水尾天皇』（中公文庫），『熊倉功夫著作集』全7巻（思文閣出版），『日本の伝統文化　第5巻　茶と花』（井上治氏と共著，山川出版社）など多数。

講談社学術文庫

定価はカバーに表示してあります。

日本料理文化史《にほんりょうりぶんかし》

懐石《かいせき》を中心《ちゅうしん》に

熊倉功夫《くまくらいさお》

2020年7月8日　第1刷発行

発行者　渡瀬昌彦

発行所　株式会社講談社

東京都文京区音羽 2-12-21 〒112-8001

電話　編集（03）5395-3512

販売（03）5395-4415

業務（03）5395-3615

装　幀　蟹江征治

印　刷　豊国印刷株式会社

製　本　株式会社国宝社

本文データ制作　講談社デジタル製作

ISBN978-4-06-520158-9

「講談社学術文庫」の刊行に当たって

これは、学術をポケットに入れることをモットーとして生まれた文庫である。学術は少年の心を養い、成年の心を満たす。その学術がポケットにはいる形で、万人のものになることは、生涯教育をうたう現代の理想である。

こうした考え方は、学術を巨大な城のように見る世間の常識に反するかもしれない。また、一部の人たちからは、学術の権威をおとすものと非難されるかもしれない。しかし、それはいずれも学術の新しい在り方を解しないものといわざるをえない。

学術は、まず魔術への挑戦から始まった。やがて、いわゆる常識をつぎつぎに改めていった。学術の権威は、幾百年、幾千年にわたる、苦しい戦いの成果である。こうしてきずきあげられた城が、一見して近づきがたいものにうつるのは、そのためである。しかし、学術の権威を、その形の上だけで判断してはならない。その生成のあとをかえりみれば、その根は常に人々の生活の中にあった。学術が大きな力たりうるのはそのためであって、生活をはなれた学術は、どこにもない。

開かれた社会といわれる現代にとって、これはまったく自明である。生活と学術との間に、もし距離があるとすれば、何をおいてもこれを埋めねばならない。もしこの距離が形の上の迷信からきているとすれば、その迷信をうち破らねばならぬ。

学術文庫は、内外の迷信を打破し、学術のために新しい天地をひらく意図をもって生まれた。文庫という小さい形と、学術という壮大な城とが、完全に両立するためには、なおいくらかの時を必要とするであろう。しかし、学術をポケットにした社会が、人間の生活にとってより豊かな社会であることは、たしかである。そうした社会の実現のために、文庫の世界に新しいジャンルを加えることができれば幸いである。

一九七六年六月

野間省一

文学・芸術

吉川幸次郎著（解説・興膳　宏）
中国文学入門
三千年というとほうもなく長い中国文学の歴史の特質は何かを、各時代各ジャンルの代表的作品例に即して、また、西洋文学との比較を通してわかり易く解明。ほかに、『中国文学の四時期』など六篇を収録。

23

東山魁夷《かいい》著
日本の美を求めて
日本画壇の第一人者、あくなき美の探究者東山画伯が、日本の風景への憧憬と讃歌を綴る随想と講演あわせて五篇を収録する。自然との邂逅とその感動が全篇を貫いて響き、日本美の根源へと読者を誘う好著。

95

井本農一《のういち》著
芭蕉入門
芭蕉が芸術の境地を確立するまでには、さまざまの試行錯誤があった。その作品には俳諧の道を一筋に追い求めた男のきびしい体験が脈打っている。現代人に共感できる人間芭蕉を浮き彫りにした最適の入門書。

122

夏目漱石著（解説・瀬沼茂樹）
私の個人主義
文豪夏目漱石の、独創的で魅力あふれる講演集。漱石の根本思想である近代個人主義の考え方を述べた表題作を始め、先見の明に満ちた『現代日本の開化』他、『道楽と職業』『中味と形式』『文芸と道徳』を収める。

271

桑田忠親著
茶道の歴史
茶道研究の第一人者による興味深い日本茶道史。能阿弥＝紹鷗＝遠州＝宗旦と大茶人の事跡をたどりつつ、歴史的背景や人物のエピソードをまじえながら、茶道の生成発展と「茶の心」を明らかにする。

453

神《じん》保《ぼ》璟一郎《けいいちろう》著
クラシック音楽鑑賞事典
人々の心に生き続ける名曲の数々をさらに印象深いものとする鑑賞事典。古典から現代音楽まで作曲者と作品を網羅し、解説はもとより楽聖たちの恋愛に至るまでが語られる。クラシック音楽愛好家必携の書。

620

文学・芸術

俳句　四合目からの出発
阿部筲人《しょうじん》著（解説・向井　敏）

初心者の俳句十五万句を点検・分類し、そこに共通して見られる根深い欠陥である紋切型表現と手を切れば、今すぐ四合目から上に登ることが可能と説く。俳句上達の秘密を満載した必携の画期的な実践入門書。

631

東洋の理想
岡倉天心著（解説・松本三之介）

明治の近代黎明期に、当時の知性の代表者のひとり天心は敢然と東洋文化の素晴らしさを主張した。「我々の歴史の中に我々の新生の泉がある」とする本書は、日本の伝統文化の本質を再認識させる名著である。

720

茶道の哲学
久松真一著（解説・藤吉慈海）

茶道の本質、無相の自己とは何か。本書は、著者の茶道の実践論ともいうべき「茶道箴」を中心に展開。「日本の文化的使命と茶道」「茶道における人間形成」等の論文をもとに茶道の本道を説いた刮目の書。

813

基本季語五〇〇選
山本健吉著

『最新俳句歳時記』『季寄せ』の執筆をはじめ、多年に亘る俳句研究の積み重ねの中から生まれた季語解説の決定版。俳句研究の最高権威の手に成る基本歳時記で、作句の全てはこの五百語の熟読理解から始まる。

868

フランス絵画史　ルネッサンスから世紀末まで
高階《たかしな》秀爾《しゅうじ》著

十六世紀から十九世紀末に至る四百年間は、フランス精神が絵画の上に最も美しく花開いた時代である。美の様式を模索する芸術家群像とその忘れ難い傑作の系譜を、流麗な文章で辿る本格的通史。文庫オリジナル。

894

怪談・奇談
小泉八雲著／平川祐弘《ひらかわすけひろ》編

一八九〇年に来日以来、日本と日本の文化を深く愛し続けた小泉八雲。本書は、彼の作として知られている「耳なし芳一」「轆轤首」「雪女」等の怪談・奇談四十二篇を新訳で収録。さらに資料として原拠三十篇を翻刻した。

930

文学・芸術

田中仙樵著（解説・田中仙堂）
茶道《ちゃどう》改良論

明治三一年に大日本茶道学会を創設した著者は、衰退した茶道を復興するために秘伝開放を主張し、奥義の実践普及に努めた。今も大きな影響力を保つその茶道観を語った厖大な著述から、主要論文を精選した論集。

1036

小西甚一著（解説・ドナルド・キーン）
日本文学史

洗練された高い完成を目指す「雅」、荒々しく新奇な魅力に富んだ「俗」。雅・俗交代の視座から日本文学の歴史を通観する独創的な遠近法が名高い幻の名著の復刊。大佛賞『日本文藝史』の原形をなす先駆的名著。

1090

T・G・ゲオルギアーデス著／木村　敏訳
音楽と言語

音楽も言語も共同体の精神が産み出した文化的所産である。ミサ音楽を中心に、両者の根源的な結びつきと対決の歴史現象の根底にある問題を追究した音楽史の名著。ミサの作曲に示される西洋音楽のあゆみ。

1108

岡倉天心著／桶谷秀昭訳
英文収録**茶の本**

ひたすらな瞑想により最高の自己実現をみる茶道。西洋文明に対する警鐘をこめて天心が綴った茶の文化への想いを、精魂こめた訳文によって復刻。東西の文明観を超えた日本茶道の神髄を読む。原著英文も収録。

1138

小西甚一著（解説・平井照敏）
俳句の世界　発生から現代まで

俳諧連歌の第一句である発句と、子規の革新以後の俳句を同列に論じることはできない。文学史の流れを見すえた鋭い批評眼で、俳句鑑賞に新機軸を拓いた不朽の書。俳句史はこの一冊で十分、と絶讃された名著。

1159

田中仙翁著
茶道《ちゃどう》の美学　茶の心とかたち

現代の茶人が説く流儀と作法を超えた茶の心。先人によって培われた茶道の妙境には、日本独自の美意識と精神性がこめられている。茶道の歴史的変遷と、茶室における所作の美を解説。現代人のための茶道入門。

1221

《講談社学術文庫　既刊より》

井上章一著
つくられた桂離宮神話
神格化された桂離宮論の虚妄を明かす力作。タウトに始まる〈日本美の象徴〉としての桂離宮神話。それが実は周到に仕組まれた虚構であったことを社会史の手法で実証した、サントリー学芸賞受賞の画期的論考。

1264

高島俊男著
李白と杜甫
飄逸と沈鬱――李・杜の全く異なる詩の境地。同時代を生き、同様に漂泊の人生を送った李白と杜甫。二人の生涯の折々の詩を味読し、詩形別に両者の作品を比較考察。李白と杜甫の詩を現代語訳で味わう試みの書。
1291

アンナ・マグダレーナ・バッハ著／山下　肇訳
バッハの思い出
名曲の背後に隠れた人間バッハを描く回想録。比類なき音楽家バッハの生涯は、芸術と生活の完全なハーモニーであった。バッハ最良の伴侶の目を通して愛情深くつづった、バッハ音楽への理解を深める卓越の書。

1297

角田文衞《つのだぶんえい》著（解説・瀬戸内寂聴）
平安の春
平安の都を彩なす人間模様を巧みに描き出す。紫式部と清少納言の比較、藤原師輔の真実の姿、専制君主白河法皇の悪評の根元などを達意の文章で見せる名エッセイ。縺れた人間関係を様々な文献によってとき解す。

1360

柳　宗悦著（解説・戸田勝久）
茶と美
民芸研究の眼でとらえた茶道と茶器への想い。茶器の美とは何か。「庶民が日々用いた粗末な食器が茶人の眼によって茶器となる。美の作為を企てて名器とはなり得ない」美の本質を追求した筆者の辛口名エッセイ。

1453

ドナルド・キーン著／吉田健一・松宮史朗訳
能・文楽・歌舞伎
日本の伝統芸能の歴史と魅力をあまさず語る。少年期より演劇の擒になって以来、七十年。日本人以上に日本文化に通暁する著者が、能・文楽・歌舞伎について、そのすばらしさと醍醐味とを存分に語る待望の書。

1485